CW00523487

W. I. T. C. H.

(Conspiración Terrorista Internacional de las Mujeres del Infierno)

Comunicados y Hechizos

:: Primera edición:
Enero, 2007.
:: Sexta edición:
Diciembre, 2015.

:: Contacto con la editorial:
Calle Cava Alta 17, 2º izquierda,
28005, Madrid, España.
lafelguera@nodo50.org
www.lafelguera.net
:: Ilustración de la sobrecubierta:
Mario Riviere.
:: Fotografía de la cubierta:
Activistas de W. I. T. C. H.
bailan alrededor del círculo mágico.
(Chicago, 31 de octubre de 1968).
:: Traducción: Inmaculada Hernández.

ISBN: 978-84-937467-9-7.
Depósito Legal:M-23604-2013.
:: Imprime: Kadmos.
Impreso en España.

«Quisiera decir algo, pero quizás sea inútil. Nos han vuelto a engañar, una vez más de manera sutil, como lo suelen hacer. Hemos sido generosas, acogedoras, maternales. Hemos hablado, discutido, cantado, exhibido hasta los más ingenuos de nuestros gritos, sin comedimiento, sin pudor femenino, con la absurda esperanza de hacer comprender a quien no puede comprender, ni quiere comprender, cuanta libertad, cuanta autenticidad, cuanto amor, cuanta vida se nos ha quitado. Todo ha sido inútil hermanas. Los ojos de ese hombre que circula entre nosotras, con su cara falsamente respetuosa y que dice que quiere informarse, conocernos mejor, porque solo conociéndonos mejor podrá cambiar su relación con nosotras, de todas sus falsas e hipócritas justificaciones, esta es la más sucia. Como os iba diciendo, los ojos de este hombre son los ojos del sempiterno macho que lo deforma todo porque todo lo ven en el espejo del ridículo y la burla. El sinvergüenza es siempre el mismo. Las mujeres son el pretexto para permitirle, una vez más, que cuente con su zoológico, su circo, su espectáculo de variedades neurótico. Y nosotras allí, haciendo de payasas, de marcianas, montando el espectáculo para él con nuestro sufrimiento, con nuestra pasión. Este lúgubre, oscuro y extenuado califa que sepa de una vez por todas que no somos marcianas. Queremos vivir en la Tierra, esta Tierra, pero no como estiércol, como viene sucediendo desde hace cuatro mil años. Ni nos conoce, ni quiere conocernos, pero este será su error mortal, porque encerradas en la oscuridad de su harén y aisladas en nuestros guetos miserables o lujosos hemos tenido tiempo de espiarle, de observar a nuestro carcelero, a nuestro señor. Oh sí, ya sabemos quién es. Lo sabemos todo sobre ti. Tú eres el payaso, el marciano. ¡Hermanas! Miradle, mirad cómo se esconde».

Bernice Stegers, la enigmática mujer del tren en *La ciudad de la mujeres* (Federico Fellini, 1979).

NOTA ACERCA DE LA TRADUCCIÓN: la editorial ha querido respetar al máximo la peculiar manera en que fueron escritos muchos de los textos que publicamos. Por esta razón, en algunos casos se ha omitido la corrección de ciertas mayúsculas. Hemos considerado pertinente esta deliberada omisión. «WITCH» significa «bruja». Sin embargo, hemos de recordar a los lectores que en inglés las siglas del grupo corresponden a «Women's International Terrorist Conspiracy from Hell». Por distintas razones, decidimos traducirlo al castellano como «Conspiración Terrorista Internacional de las Mujeres del Infierno».

HA PASADO MUCHO TIEMPO desde que en el 2007 salió publicada la primera edición de esta obra. Esta editorial guarda un precioso recuerdo de aquel momento. La editorial llevaba poco tiempo funcionando y el discurso y estilo de W. I. T. C. H., con toda su singularidad y potencia, nos sobrecogió. El resultado fue un libro único, y así fue recibido por el público español. Esta obra (un auténtico manual de combate, como el lector comprobará) se convirtió rápidamente en un exitoso libro debatido en todo tipo de ambientes y del que se publicaron ediciones piratas, tanto en Argentina como en nuestro país. Sin embargo, el libro se agotó y desapareció de las librerías. Desde entonces, han sido muchas las personas que nos han escrito y solicitado una reedición. Debido a su importancia, hemos decidido rescatarlo, aunque no íbamos a desaprovechar la ocasión para hacerlo aún mejor. Por esta razón, para celebrar el regreso de W. I. T. C. H., hemos incluido un extenso ensayo titulado «Adiós a Todo eso» (el último comunicado firmado por ellas y hasta la fecha inédito), tan actual que resulta sobrecogedor, y que sin duda es una de las más lúcidas críticas jamás escritas hacia el machismo de los izquierdistas y de la escena pretendidamente «sensible» a las demandas de las mujeres, convirtiendo este libro en un artefacto que puede ser leído, un libro de furiosos poemas, una declaración de guerra.

W. I. T. C. H.

(Conspiración Terrorista Internacional de las Mujeres del Infierno)

Comunicados y Hechizos

Traducción de Inmaculada Hernández

La Felguera | Editores

Colección Resistentes

Prólogo

¿CREES EN LOS HECHIZOS?

W. I. T. C. H.
O LA GUERRILLA QUE ABRAZÓ EL LADO OSCURO

«W. I. T. C. H. desea la destrucción de Babilonia».
W. I. T. C. H.

EN 1967, JUSTO ANTES de la aparición de algo tan potente y salvaje como W. I. T. C. H. (Conspiración Terrorista Internacional de las Mujeres del Infierno), disfrutaba de un enorme atractivo el Youth International Party, un ficticio partido que en realidad representaba a un movimiento conocido como «Yippie». Los hippies más radicales, aquellos amantes de la *performance* activista, la parodia y el boicot, se situaban tras las huestes yippies. Habían logrado convertirse en una amenaza desestabilizadora: eran sumamente contagiosos y se desarrollaban a través del teatro guerrillero, las *performances* antibélicas y distintas acciones directas espectaculares, como la invasión de la Bolsa de Nueva York, donde lanzaron billetes de un dólar, provocando que los agentes de bolsa se tirasen al suelo a la desesperada captura de algún billete. El capitalismo en su rostro más feroz.

    El yippie era un ser de pesadilla, «un vagabundo drogado con el fusil al hombro tan feo que la sociedad pequeño-burguesa se aterroriza de su aspecto» e, incluso, «un loco hijo de puta con pelos largos y barbudo cuya vida es teatro y que crea a cada instante la nueva sociedad mientras destruye la vieja»*. Abbie Hoffman, su líder, llegó a ser tan conocido como el mismo alcalde de Nueva

(*) Jerry Rubin. *Do it!*, 1971.

York. En sus rostros y panfletos, en sus manifestaciones e interrupciones callejeras, podía leerse un mensaje que advertía de un final inminente: aseguraban que ellos, llegado el momento, darían sus vidas por todo aquello. Revolución o muerte.

Todo esto sucedió antes de que las esperanzas se vinieran abajo, la guerra en Vietnam se mantuviera hasta 1975 y surgiera la lucha armada. Pero estamos en 1967, el año en el que la resistencia no violenta experimentó su ascenso y caída más importante tras los asesinatos de significativos líderes negros. Igualmente, debemos advertirlo ya, estamos a tan solo un par de años de las bombas de los Weathermen, primer grupo armado blanco en suelo americano, a unos años del secuestro de Patty Hearst, la nieta del magnate William Randoplh Hearst, por una célula del Ejército Simbiótico de Liberación y justo en el preciso instante en el que el movimiento negro sufría una feroz represión. Los negros habían jurado que el cielo caería sobre sus cabezas antes de claudicar. Sus méritos eran muchos y diversos, al poner en práctica la teoría y lograr crear una vasta red de servicios por y para su comunidad. El *black power*, que defendía que lo negro era hermoso y había logrado aglutinar a un buen número de activistas negras en sus filas —activistas que lucharán y sufrirán cárcel y, en ocasiones, el exterminio—, representaba la punta de lanza de toda la escena política del momento. Su arrollador discurso basado en el nacionalismo como confrontación cultural, la acción directa y la autogestión al margen de las instituciones, estaba infiltrado en la práctica totalidad de las organizaciones revolucionarias blancas. En gran medida, la retórica del *black power*, con su autoafirmación de raza en oposición directa a la cultura e instituciones americanas, así como su radical y urgente reinterpretación de su propia historia, conectaba con el discurso feminista. Si Simone de Beauvoir había lanzado la idea fundamental de «lo personal es político», el intento negro por reconstruir su pasado y el hecho de mostrarse sin necesidad de justificación alguna más que por el mismo derecho a existir y resistir, conectaba con la lucha de las mujeres. Todo eso hablaba de algo que también les pertenecía a ellas. Este tipo de influencias iban a estar presentes en la configuración de la segunda ola feminista, el feminismo radical, a finales de los años sesenta y que tendrá como principal aspiración la creación de un movimiento autónomo con sus propias señas de identidad.

Los debates no siempre eran pacíficos. Muchas de las mujeres que participaban en el movimiento negro consideraban la necesidad de trabajar en organizaciones mixtas. Influenciadas por el marxismo, planteaban la lucha desde un punto de vista económico. Esto sucedió en un segundo momento, cuando la difusa ideología del *black power* pretendió revestirse de un sentimiento de clase: aseguraron que la opresión no solo era racial sino también económica. Este mismo planteamiento estará presente en las feministas socialistas de comienzos de los años setenta.

Las mujeres estaban participando, por supuesto, en esa misma historia. Y aquel día en que los yippies asaltaron la institución máxima de las finanzas y el dinero, la Bolsa de Nueva York, no lo hicieron solos. Junto a los yippies existían grupos de mujeres, como muchas de las futuras W. I. T. C. H., interesadas en plantear un intenso debate acerca de las incongruencias del propio movimiento revolucionario y, en general, de toda la nueva izquierda. Es decir, la coherencia de los hombres con sus propias ideas y la coherencia de las ideas revolucionarias con el papel de la mujer.

Relegadas a una posición de espectadoras o taquígrafas en las asambleas («en las máquinas mimógrafas de la Izquierda», como afirma uno de los textos incluidos en este libro), contemplaban cómo se repetían los viejos esquemas machistas, la misma ideología patriarcal que habían sufrido ellas mismas, sus propias madres y las madres de sus madres. Las viejas organizaciones no les servían; los viejos grupos radicales estaban agotados. Claro que cada cierto tiempo todas estas discusiones se sucedían dentro de sus mismos grupos y organizaciones, pero casi siempre era debido al empuje interno de las militantes y no por una interiorización sincera y real de sus compañeros acerca de la necesidad de una política feminista y, al mismo tiempo, de una reinterpretación crítica de la propia masculinidad. Esa construcción de la nueva sociedad, que parecía ser obra exclusiva de los hombres, excluía los derechos de las mujeres y planteaba la lucha en términos siempre «femeninos» y nunca feministas. El debate del machismo dentro de la izquierda resultaba incómodo y áspero para muchos militantes, incluso ingrato. Nadie quería realmente hablar de ello. La lucha feminista se proyectaba como una ausencia, una lucha contra el espejismo idealista de los hombres de izquierda condescendientes con «sus mujeres».

«Pensamos que el fin de la dominación masculina es obtener satisfacción psicológica para su ego y que, solo secundariamente, esto se manifiesta en las relaciones económicas».

Politics of the Ego. Manifiesto fundacional del New York Radical Feminist (1969).

Colectivos como W. I. T. C. H. surgieron en medio de este ambiente a través de una enorme cercanía a ciertas prácticas típicamente yippies, con quienes muchas de ellas ya habían trabajado, adoptando el activismo callejero por medio del teatro provocador, las acciones directas espectaculares e imprevistas, la estructura informal y el discurso violento, demoledor, casi apocalíptico. Anunciaban el retorno de las brujas. Deseaban la muerte de sus enemigos a través de hechizos mágicos. Recuperaban un lenguaje místico y colocaban la filosofía oculta al servicio de la herejía feminista. Ellas fueron, sin lugar a dudas, un fenómeno único dentro del Movimiento por la Liberación de la Mujer entre los más de cincuenta grupos que formaban el movimiento feminista tan solo en Nueva York y, por extensión, para la propia *herstory*. Su potencia únicamente encontró sombra en el brillante texto *SCUM* de Valerie Solanas, que vio la luz el mismo año en que W. I. T. C. H. irrumpió. Era un tiempo de ruptura. Sus integrantes y otros colectivos, como los coetáneos en el tiempo New York Radical Woman, Redstockings o el posterior New York Radical Feminist (1969), fueron el resultado de la decepción feminista frente al liberalismo de históricas organizaciones de mujeres como la Organización Nacional de Mujeres (NOW) fundada por Betty Friedan en 1966 y las contradicciones internas de la propia nueva izquierda.

«SCUM no formará piquetes, ni se manifestará, marchará o declarará en huelga con el fin de alcanzar sus metas. Tales tácticas son propias de damas refinadas y como es debido, que se embarcan en acciones semejantes tan solo porque su ineficacia está garantizada [...] Por otro lado, las SCUM, de lo más espabiladas y egoístas, no expondrán jamás sus cabezas a las porras de la pasma; eso queda para las damas de clase media, amables, privilegiadas y educadas que tienen una fe conmovedora y una elevada estima por la bondad intrínseca de Papi y de los polizontes. Si las SCUM marchasen alguna vez, lo harían sobre la estúpida y enfermiza cara del Presidente; y si en alguna ocasión se echasen a las calles, sería por las más oscuras y provistas de navajas de quince centímetros de hoja».

SCUM, Valerie Solanas.

Página siguiente: *El encanto del amor.* Un bruja se aplica un ungüento mágico. Flandes, siglo XV.

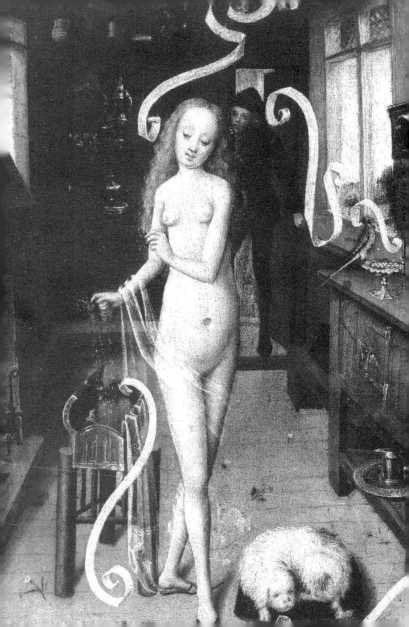

Las mujeres rompieron con el paternalismo de los hombres militantes y se convirtieron en su mala conciencia. Con la aparición de este tipo de feminismo radical se produjo un salto temporal y que arrancaba muy atrás en el tiempo con la lucha de las sufragistas, cuya determinación fue recuperada sobre todo por su valentía y práctica de la autodefensa y acción directa. De forma paralela, la figura de la anarquista Emma Goldman y sus reveladores escritos, se situaron en primera línea del debate. Ese nuevo empuje, que emerge como una ruptura en contra no solo de las feministas políticas que trabajaban junto a los hombres sino también frente a aquellas que estimaban que el problema era meramente económico o de clase, situó la disputa en otros términos o, al menos, los amplió y superó. Para estos colectivos, la liberación de la mujer debía pasar por la destrucción radical del patriarcado como una supraestructura también cultural.

No resultó sencillo. Este discurso, al irrumpir en medio de la escena izquierdista y contracultural, fue infravalorado, ridiculizado e incluso tildado de contrarrevolucionario. Era, sin lugar a dudas, una opresión que había penetrado en la psicología de las propias mujeres, y que las había conducido al ostracismo, al empobrecimiento de sus vidas y a la pérdida de autoestima y poder. Entonces se reclamó la calle y la vida en contra del chovinismo machista y el capitalismo. No había reconciliación posible con una sociedad dominada por los hombres y construida bajo unos valores machistas. La lucha feminista negaba esa sociedad por entero y, por lo tanto, se autodefinía como un movimiento antiautoritario porque a toda costa se enfrentaba contra un poder aún mayor. Apuntaba alto. Señalaba a sus enemigos.

En 1968 surgió la gran escisión a través de la cual emergieron grupos de mujeres que comenzaron a reunirse ellas mismas de manera autónoma y cuyo primer paso fue el desarrollo de grupos de autoconocimiento o autoconciencia (*consciousness–raising*). Lejos de servir de espacio terapéutico femenino, estos grupos se planteaban como una manera de conocerse, intercambiando sus distintas visiones y experiencias, al mismo tiempo que analizaban el ambiente en que habían nacido y sus propias trayectorias. De pronto, descubrieron que, a pesar de provenir de lugares distintos, su opresión era idéntica, comenzando a hacer política de una forma diferente y fomentando su autonomía. Decidieron trabajar haciendo una revolución que comenzaba por sus mismas vidas. Este análisis puso énfasis en lo que se denominó «revolución interior» o «revolución desde dentro» y que produjo numerosa literatura feminista, algo que de una u otra forma partía de la idea de que «lo personal es político».

Estos grupos de autoconocimiento* dieron paso

(*) Según el colectivo Redstockings esta «maduración de la conciencia» de las mujeres no estaba diseñada como un «método terapéutico, sino como el único método con el que podemos estar seguras de que nuestro programa para la liberación se basa en la realidad concreta de nuestra vida» (Mitchell Goodman, *The Movement Toward a New America: The Beginings of a Long Revolution*). Por otro lado, otra organización importante en la

o coexistieron con espectaculares acciones directas, como los boicots a los concursos de mises o la imagen de una mujer completamente desnuda que se paseó en un acto de la revista *Playboy* portando en sus manos una bandeja sobre la que reposaba la cabeza de un cerdo. Durante estos tiempos salvajes se quemaban sujetadores públicamente o la feminista Ti–Grace Atkinson se negaba a fotografiarse junto a hombres. También se teorizaba mucho. Es en esta época cuando surgió el germen de mucha de la literatura feminista considerada a día de hoy como clásica*, pero también de la gestación y acción de grupos armados de mujeres que llevaron a cabo acciones genuinamente feministas contra la industria pornográ-

escena feminista italiana a comienzos de los setenta, Rivolta Femminile, en enero de 1972, expresaba lo siguiente sobre los grupos de autoconciencia: «El feminismo comienza cuando la mujer busca la resonancia de sí misma en la autenticidad de otra mujer, porque comprende que el único modo de afirmarse a sí misma reside en su propia especie. Y no por querer excluir al varón, sino porque se da cuenta de que la exclusión con que el varón la trata expresa un problema del varón, una frustración, una incapacidad suya, una costumbre masculina de concebir a la mujer en vista a su equilibrio patriarcal» (Carla Lonzi, *Escupamos sobre Hegel*).

(*) Obras de autoras como Kate Millett, *Política sexual* (1970), Shulamith Firestone, *Dialéctica del sexo* (1970) o Juliet Mitchell, *Woman's Estate* (1971).

fica, el control de natalidad sobre las mujeres del tercer mundo o por los derechos de las mujeres presas*. El feminismo radical, por lo tanto, supone «la primera teoría

(*) En los primeros años setenta se formaron grupos autónomos armados integrados por mujeres dentro de organizaciones americanas mixtas como Weathermen, Black Liberation Army o George Jackson Brigade. Todos estos grupos, en determinadas ocasiones, recogieron demandas específicamente feministas en acciones violentas realizadas por mujeres. De una u otra forma, sirvieron de influencia para la aparición de fenómenos únicos, como el grupo armado feminista y anticapitalista Rote Zora en Alemania. A comienzos de los setenta, varias activistas de W. I. T. C. H. se unieron a la lucha armada. Este fue el caso de Nancy Kurshan, quien en los tiempos de W. I. T. C. H. era pareja del líder yippie Jerry Rubin. Tras visitar Vietnam en compañía de otras mujeres, algunas de ellas integrantes del Partido de las Panteras Blancas, se unió a los Weathermen y pasó a la clandestinidad, algo que sucedió tras la explosión, en marzo de 1970, de una artefacto explosivo en Nueva York a consecuencia del cual murieron tres miembros de Weathermen. De hecho, pronto los Weathermen, debido a la presión de su facción feminista, decidieron cambiar su nombre al de The Weather Underground. Este tipo de acciones tuvieron como objetivos la liberación de Angela Davis (bajo las siglas de The Proud Eagle Tribe of Weather o Women's Brigade of the Weather Underground) o la lucha contra el control demográfico sobre las mujeres del Tercer Mundo. Judy Gumbo Albert fue otra militante W. I. T. C. H. que, al mismo tiempo que se organizó con el resto de «brujas», compartía filas con los yippies. En el verano de 1971, Gumbo apareció disfrazada de bruja durante un proceso que le imputaba su participación en una campaña de atentados en Nueva York.

que reconceptualiza totalmente la realidad desde el punto de vista de las mujeres [...] y hace visible lo invisible, trayendo al centro de discusión la estructura social de género»* y cuyo objetivo es la reinterpretación política de la vida de las mujeres.

Esta lucha feminista y su dimensión libertaria se expresó de distintas formas. En un sentido amplio, el liderazgo en el interior de los grupos feministas fue criticado duramente debido a que, según el ideario feminista, esa subversión de la vida era a costa de reinterpretar el poder. Reacias a una estructura jerárquica, las feministas funcionaron con frecuencia de manera horizontal y asambleria, planteando el debate acerca de la necesidad de articular grupos informales sin las tradicionales estructuras de poder interno. Fue en la década de los setenta cuando entre las feministas marxistas comenzó a tener un gran peso la figura de socialistas como Rosa Luxemburgo, quien ya había abordado el papel de las mujeres en la construcción de la nueva sociedad. En los sucesivos años, emergió un tipo de feminismo que pretendió unir la lucha anticapitalista con la destrucción del patriarcado y lo hizo de una forma más íntegra y completa que colectivos predecesores como las Redstockings. Esta nueva dimensión avanzó a costa de un duro debate desde dentro de las mismas filas socialistas. El ideario marxista resul-

(*) Fefa Vila, «Genealogías feministas. Contribuciones de la perspectiva radical a los estudios de las mujeres». *Política y sociedad*. N° 32. Madrid, 1999.

taba ajeno a la lucha de las mujeres puesto que omitía sus demandas o las colocaba en un lugar siempre secundario. Y, por otro lado, las feministas radicales habían omitido referirse o tratar con la suficiente amplitud la situación de desigualdad que sufrían las mujeres pertenecientes a minorías étnicas. Ese empeño y esfuerzo por investigar nuevas formas de reinterpretar el mundo desde el punto de vista feminista, llevó a que uno de los principales referentes teóricos de la ya entonces extinta nueva izquierda, Herbert Marcuse, afirmase que el feminismo representaba el futuro de la lucha revolucionaria, siempre que su impugnación se extendiese hacia la totalidad del mundo.

Del mismo modo, junto a las reivindicaciones feministas, surgió con fuerza el movimiento de liberación de las lesbianas y, paralelamente, nos encontramos en un momento en el que la revolución sexual trascendió de lo teórico a lo práctico, en concreto gracias al trabajo realizado por la feminista Kate Millett. Para Millett, la revolución sexual supondría el fin de la represión sexual y la libertad de expresión sexual, la revisión de los rasgos definitorios de lo masculino y lo femenino, el fin de los roles sexuales y de los diferentes estatus que otorgan, de la vieja familia patriarcal, la imposición de la heterosexualidad o la violencia de tipo sexual.

Fantasmales apariciones, ruidosas, escandalosas, radicales. Existen muy pocas fotografías de las militantes de W. I. T. C. H. . Su nombre transmite una curiosa mezcla de escepticismo, extrañeza y sorpresa. Su actividad fue frenética y prodigiosa. En dos o tres años realizaron numerosas acciones, promovieron distintos boicots, firmaron varios manifiestos, produjeron textos, ocuparon oficinas de periódicos contraculturales y desaparecieron diseminadas en el declive del estallido sesentayochista. Alguna de sus militantes entraron de lleno en la lucha explícitamente armada junto a la organización The Weather Underground (comúnmente conocidos como los Weathermen), lo que explica ciertas acciones feministas que, desde el interior de dicho grupo, fueron firmadas con nombres genuinamente feministas. Pero la estética y el estilo de aquel grupo de brujas urbanas, de esas guerrilleras sin escoba, resultó tan contagioso que en distintas ciudades americanas se formaron grupos de mujeres que recogieron su llamada a la lucha e hicieron uso de sus mismas siglas pero con otros significados. Las brujas estaban por todas partes. De este modo, W. I. T. C. H., bajo la idea tan sencilla como seductora de que cualquier mujer podía ser una bruja con tan solo repetir «soy una bruja» tres veces, pasó a registrarse en la historia del feminismo radical con letras de oro. De oro y, al mismo tiempo, bajo el signo del ostracismo, del casi anonimato y como uno de los hitos más desconcertantes y potentes de esa misma historia. Su existencia parece relegada a ser incesantemente nombrada en obras que abordan la contracultura americana y el feminismo de finales de los sesenta, pero sin aportar casi ningún dato más.

Nacidas de esa ruptura que señalamos en el seno del Movimiento de Liberación de las Mujeres y tras haber sido, algunas de ellas, militantes yippies, resulta indudable que W. I. T. C. H. no hubiera surgido sin la personalidad de Robin Morgan, actual icono del feminismo radical. Morgan, quien había sido una estrella de la televisión infantil, irrumpió en medio de estos debates, justo en el momento en que se creaban los primeros grupos de autoconciencia feminista, para plantear asuntos entonces tan ajenos como la espiritualidad de las mujeres. Su discurso se desplegó hacia atrás, recuperando para la lucha feminista la iconografía recurrente de las brujas, aquellas mujeres *avant-garde* perseguidas y asesinadas en proporciones gigantescas por orden del poder eclesiástico y cuya historia pasó a ser revivida, conjurada bajo las siglas de W. I. T. C. H. .

Nancy Kurshan, en el centro y ante los micrófonos, junto a otras W. I. T. C. H., en la rueda de prensa para exigir la inocencia de los «Ocho de Chicago» acusados de conspiración. Detrás puede leerse la pancarta que dice: «Somos forajidos a los ojos de América», que se exhibió en concentraciones organizadas por el Partido de las Panteras Blancas. La imagen está tomada instantes después del exorcismo de W. I. T. C. H., por lo que alguna de ellas todavía luce su «indumentaria de bruja». Fotografía de Nancy Kurshan. A su derecha, está Anita Hoffman, entonces compañera del procesado Abbie Hoffman.

W. I. T. C. H. desafió el orden establecido con conjuros y hechizos, con invocaciones deseando crueles desgracias personales para sus opresores y, sobre todo, con la puesta en práctica de formas de protesta (originales e imaginativas) que tomaban la calle como espacio político. Pero también produjo alta política por su autonomía ingobernable dentro del movimiento feminista. Algunos de sus comunicados son increíblemente brillantes y también sorprendentemente actuales. La imagen de varias mujeres reunidas en secreto con el objetivo de conspirar contra el mundo resulta seductora y evoca encuentros de brujas en algún paraje perdido siglos atrás. El propio nombre de W. I. T. C. H., a pesar de que tal y como ellas mismas reconocieron, surgió casi espontáneamente, traza un árbol genealógico concreto. Era la época del internacionalismo por parte de esa nueva izquierda, pero al mismo tiempo introdujeron la palabra «conspiración», que implicaba necesariamente algún tipo de movimiento oculto y subterráneo de origen sedicioso. La clave estaba también en Nueva York; de manera casi azarosa y contemporáneamente surgió otro grupo, International Werewolves Conspiracy From Hell*, cuya coincidencia en el nombre resulta a todas luces sorprendente.

(*) A finales de 1968, este grupo reivindicó distintas acciones violentas contra industrias vinculadas a la guerra de Vietnam. Sus miembros, diseminados en distintas comunas por todo el territorio estadounidense debido a la persecución estatal, eran antiguos militantes del colectivo de influencia anarcosituacionista Up Against the Wall, Motherfuckers! (antiguos Black Mask). En palabras del líder yippie, Abbie Hoffman, la determinación y fuerza de los Motherfuckers —que sirvieron de

La efímera existencia de W. I. T. C. H. enriqueció la escena feminista y aportó una pieza más al puzle feminista con una práctica autónoma y genuina en medio de un movimiento dominado por los hombres. Sus acciones, como hemos dicho, combinaban las tácticas propias del teatro guerrillero que tanto éxito aportó a los

línea de choque contra la policía en las marchas contra la guerra y protagonizaron distintos y sonados escándalos en Nueva York— influenciaron enormemente a la nueva izquierda entre 1967 y 1968. La admiración que Hoffman sentía por personajes como la cabeza visible del grupo, Ben Morea, no era un hecho aislado. Esta atracción penetró en otros grupos como los futuros Weathermen, sobre todo por la defensa típicamente *motherfucker* de los grupos de afinidad. Los Motherfuckers, a causa de su implacable crítica hacia el pacifismo, la evasión hippie o el leninismo, mantuvieron contactos con el ala más radical de la escena de Nueva York, desde Valerie Solanas hasta distintos grupos anarquistas o los mismos yippies. De todos modos, resulta muy complicado afirmar que ya hubieran actuado antes de la fundación de W. I. T. C. H., puesto que existen escasísimos datos. La coincidencia en los nombres resulta más que sorprendente y nos lleva a sostener que el nombre de Women's International Conspiracy from Hell fuese resultado de una desviación de International Werewolves Conspiracy From Hell. Esto nos lleva a considerar que la retroalimentación entre ambas experiencias pudiera ser tan real como veraz y ajustada a los hechos, aunque de una manera no del todo consciente en el caso de las feministas, ya que como una de ellas declaró, la elección del nombre surgió de una forma más o menos espontánea. Para más información, puedes consultar *Motherfuckers! De los veranos del amor al amor armado* (La Felguera Editores, 2009).

yippies pero, al mismo tiempo, en sus comunicados invocaban a la violencia, por lo que fueron precursoras del intento por romper con el tabú de la violencia en manos de las mujeres, afirmando que el Estado nunca las protegerá, sino justo lo contrario. Su irresistible seducción, aparte de una evidente brillantez literaria, reside en su manera explosiva de *hacer política* y de expresarse políticamente desde el feminismo ultramilitante, algo nunca antes visto, ni tampoco después.

Tienes en tus manos la primera traducción al castellano de todos sus textos, comunicados y hechizos, junto a varias fotografías del grupo. Por último, se incluyen diferentes carteles feministas, *flyers* y fotografías de acciones realizadas entre 1968 y los primeros setenta. Este es su legado, el aquelarre definitivo.

Susan Wildburg

En la página siguiente: instantes después de la rueda de prensa. Kurshan y Anita Hoffman, entre otras, queman sus «hábitos de bruja» tras arrojar sobre estos los escritos de acusación contra los «Ocho de Chicago» (fotografía de Wire Photo). En la siguiente página: Kurshan, en los tiempos de W. I. T. C. H., durante su visita a Vietnam en compañía de otras activistas, algunas de las cuales, como la propia Kurshan, pasaron inmediatamente a la clandestinidad (fotografía de Nancy Kurshan).

1 | CÓMO EMPEZÓ TODO…

POR ROBIN MORGAN*

DURANTE DOS DÉCADAS, me he preguntado cuándo llegará el feliz día en que, ante cada reunión numerosa de mujeres, una mujer salga y dirija una oración a la Diosa. Después de todo, cuando se reúnen cinco hombres ¡normalmente un sexto les bendice y les hace sentir como regalos de Dios a la humanidad!

He sido una activista durante veinte años y bruja durante mucho más tiempo. He envejecido intentando convencer y enseñar a las feministas, y a las mujeres en general, que la espiritualidad y la reverencia por la Diosa realzarían sus tareas y que, de hecho, las estimularían cuando se sintieran agotadas por demasiado trabajo de

(*) Robin Morgan fue una de las principales fundadoras del grupo. De forma paralela a su militancia en torno a 1967 en el seno de los yippies, entró a formar parte de la organización feminista New York Radical Women que, entre otras acciones, boicoteó el concurso de Mis América celebrado en Atlantic City en septiembre de 1968. Durante aquellos meses, se fundó W. I. T. C. H. . Al mismo tiempo que teorizó y participó en el movimiento feminista, comenzó a divulgar la historia de la brujería y las persecuciones religiosas contra las mujeres a lo largo de la historia, considerándose una auténtica «bruja» moderna. Entre otros trabajos, Morgan ha sido autora de la novela sobre brujería *The Burning Time* (Melville House, 2006).

tipo político. La gestión de los recursos y la energía de cada cual, sostuve, es una habilidad espiritual.

Brujas colgadas en la horca en 1589 en Essex, Inglaterra.

Persiste un gran cisma entre las llamadas feministas políticas y las feministas espirituales. Se trata de una diferencia imaginaria que existe principalmente en las mentes de las feministas políticas; las espiritualistas saben que la política y la espiritualidad van cogidas de la mano, reforzándose históricamente una a la otra.

Cuando me uní por vez primera al movimiento de las mujeres, me encontraba recién divorciada, una perfecta candidata para una experiencia de las que cambian la vida. Entonces pensé: «Si no puedo ser yo misma de alguna manera, no quiero continuar». Yo ya me consideraba bruja, procedente de una línea familiar húngara involucrada en estudiar las hierbas y sus propiedades de curación y que se remontaba al año 1270. Pero ser una bruja te ayuda muy poco si no tienes conocimiento de lo que te está pasando, históricamente, como mujer.

Juicio a las brujas de North Berwick (1591). Las mujeres acusadas de brujería comparecen ante el rey Jacobo VI de Escocia.

A las dos semanas de mi llegada a Los Ángeles, en 1967, fui a mi primera manifestación por la Liberación de las Mujeres. Me uní al personal del Centro de Mujeres y empecé a aumentar mi conciencia sobre cuestiones feministas. En este punto, pasó algo curioso. Todos mis recuerdos de la vieja religión volvieron a mí. De repente, fue sencillo juntar los dos aspectos de mi vida. Dije a mis amigas del movimiento de mujeres: «Mirad, tenéis un análisis político, pero no tenéis una cosmología, no podéis tener una revolución sin cosmología». Así que les hablé de las religiones antiguas y quemas de brujas y de cómo la Diosa está en todas partes. La acogida que tuvo todo esto fue muy fría al principio, pero me permitieron llevar a cabo mi primer sabbat porque era una militante y había ganado mis galones como activista. En el primer sabbat que hicimos, les dije a las seis amigas que vinieron: «Sé lo suficiente para comenzar esto. El resto nos lo tenemos que inventar».

W. I. T. C. H. en Chicago. Fotografía de Louise Brotsky.

2 | W. I. T. C. H.
Y EL SABBAT DE SU FUNDACIÓN

HECHIZO PRONUNCIADO frente al Gem Spa de Nueva York. Sharon Krebs, Nancy Kurshan, Robin Morgan y Roz Payne se reunieron dentro de un círculo hecho con orégano (que simulaba ser marihuana) y pronunciaron el conjuro mágico. Posteriormente, lo repitieron en Washington durante el proceso contra los llamados «Ocho de Chicago». Aquel día, Kurshan, entonces pareja del yippie Jerry Rubin (uno de los procesados), compareció junto a varias muejres, entre ellas varias W. I. T. C. H., para denunciar el montaje. En la fotografía de la rueda de prensa, puede verse a Kurshan aún con su vestido negro de «bruja». Tras ella, en una gran pancarta podía leerse: «Somos forajidos a los ojos de América», una frase popularizada por los Motherfuckers, Jefferson Airplane y luego el Partido de las Panteras Blancas. Este fue un momento que ayuda a explicar la historia del grupo. A pesar de que algunas de ellas, como Roz Payne y Robin Morgan, estaban muy vinculadas a los yippies, decidieron romper con ellos y crear un grupo autónomo por la poca importancia que estos daban a las cuestiones de género. El conjuro fundacional se decidió tras una reunión en el apartamento de Morgan. Allí, varias mujeres decidieron crear W. I. T. C. H. y su primera acción sería convocar a la prensa frente al Gem Spa para denunciar el proceso contra los «Ocho de Chicago». Estas cuestiones aparecen en el texto *Orígenes y el exorcismo de Chicago*, que se incluye en esta obra. De alguna manera, en los preparativos de esta acción, vemos la influencia que tuvo el movimiento yippie en la fundación del grupo, así como las severas críticas que planteaban. Igualmente, eligieron el Gem Spa de Nueva York, que entonces era el lugar de reunión de los Motherfuckers y posteriores International Werewolves Conspiracy From Hell.

W. I. T. C. H. en Chicago.
Fotografía de Lee Balterman para la revista *LIFE*.

TODAS: En el Sagrado y Más poderoso Nombre de W. I. T. C. H., Conspiración Terrorista Internacional de Mujeres del Infierno. Nosotras, Hermanas Brujas del único verdadero Subsuelo, anunciamos nuestra Presencia y comenzamos nuestro hechizo.

SHARON: En el Nombre Sagrado de todas nuestras Hermanas Brujas, las primeras guerrilleras y luchadoras de la resistencia a través de todos los tiempos, echamos nuestra Magia vengativa sobre los jueces Hu-Wacky que se atreven a realizar una caza de brujas sin brujas reales. Ellos han creado una gran persecución judicial.

ROZ: En este Círculo Liberado nos quitamos nuestra cubierta de invisibilidad. Proclamamos que todos esos hombres «de leyes» son títeres de nuestro juego, ya que Yippie, SDS y Mobilization* son todos manifestaciones de W. I. T. C. H. .

ROBIN: Somos la antigua Tierra-Madre que está detrás de todo: grupos pacifistas, la conspiración internacional de estudiantes, la Revolución, todos son nuestros hijos. Nosotras inventamos Chicago** a partir de un intento por la Paz, numerosos sapos demócratas y una bandera estadounidense cocinada a presión.

(*) Se refiere al Partido Yippie, del que algunas formaron parte y que fue el eje central de la contracultura y la protesta callejera en torno a 1968; SDS (Students for a Democratic Society) fue la mayor organización estudiantil de Estados Unidos. A partir de 1966 comenzó un proceso de debate interno acerca de la forma de movilización empleada y el uso de la acción directa. En el seno del grupo se produjo una gran escisión en 1969, surgiendo los primeros cuadros de grupos armados blancos como los Weathermen. En Nueva York, lugar de surgimiento de W. I. T. C. H., existía una potente sección del SDS. Por último, nombran al National Mobilization Committee, que participó activamente en la campaña contra la guerra de Vietnam.

(**) El texto hace varias referencias a los «Ocho de Chicago», entre los que estaban los yippies Abbie Hoffman y Jerry Rubin, el activista del Partido de las Panteras Negras Bobby Seale y distintos elementos de la nueva izquierda americana acusados de provocar disturbios durante la Convención Nacional Demócrata de Chicago en 1968.

NANCY: Nosotras, que tenemos un antiguo interés en la libertad (*Burn Baby Burn**), somos las responsables del Ritual Secreto de la Marihuana, el cual ahora ha subvertido a la gente de toda América llevándoles a Volar.

SHARON: Lurleen Wallace**, exbruja que permitió que el racista George la usara...

TODAS: La eliminamos.

ROZ: El miembro del Congreso Poole, que se atrevió a fumar cigarrillos Salem...

TODAS: Lo eliminamos.

ROBIN: El director de este comité, que acaba de perder su elección primaria...

TODAS: Lo eliminamos.

(*) *Burn Baby Burn* era una conocida y repetida frase entre el ambiente de la nueva izquierda estadounidense y los grupos del *black power*. La traducción literal es «quema nena, quema» y arrancaba de las revueltas de Watts o Newark en los calientes veranos americanos. Es también el título de un libro: *Burn, Baby, Burn. Small Business in the Urban Riots of the 1960s* de Jonathan J. Bean.

(**) Esposa del congresista conservador y racista George Wallace.

NANCY: Y Lyndon Johnson, quien no pudo perseguir de nuevo a nuestra Líder, Primera Bruja *Lady Bird**, echad su hechizo en su gran oreja.

SHARON: Las mujeres son las personas que más tiempo llevan oprimidas sobre la tierra, pero esta, por fin, es la Estación de la Bruja. El mismísimo Satán se sienta en este comité, y demandamos el derecho de informarle y besarle el culo como hace toda América.

TODAS: ¡O Astarté! ¡O Hécate! ¡O Isis! ¡O Bonnie Parker!** Nuestros espíritus en el local del comité no necesitan estos cuerpos para lanzar un hechizo a las dos Cámaras del Congreso.

(*) Se refiere a Claudia Alta *Lady Bird* Taylor Johnson, esposa de Lyndon B. Johnson y Primera Dama de los Estados Unidos.

(**) Astarté era la diosa fenicia que representaba el culto a la madre naturaleza, la fertilidad y los placeres carnales. Con el paso del tiempo se transformó en diosa de la guerra. Hécate, diosa de los partos y de las tierras salvajes, era relacionada en la Atenas clásica con el inframundo y la brujería. Isis era el nombre griego de la diosa egipcia Ast. Conocida como «Gran Maga», «Diosa Madre», «Diosa de la maternidad y del nacimiento» o «Señora del Cielo, de la Tierra y del Inframundo». Bonnie Parker fue la famosa compañera de Clyde Barrow. Ambos trajeron de cabeza a las autoridades americanas cometiendo numerosos y famosos atracos.

ROZ: Hombres muertos se sientan en este comité.

ROBIN: No hemos terminado.

NANCY: Acabamos de empezar.

TODAS: ¡Somos el Poder!

Exorcismo de W. I. T. C. H. en la Universidad de California.
Fotografía de Roy Walford para *Los Angeles Free Press* (1969).

3 | SOMOS BRUJAS, SOMOS MUJERES

SOMOS BRUJAS. SOMOS MUJERES. SOMOS LIBERA-CIÓN. SOMOS nosotras. La historia oculta de la liberación de las mujeres comenzó con brujas y gitanas, porque son las más antiguas guerrilleras y luchadoras de la resistencia, las primeras pro aborto practicantes y distribuidoras de hierbas anticonceptivas.

Somos las BRUJAS, el antiguo grupo de los martes por la noche que se ha estado reuniendo regularmente en Nueva York durante casi un año. Nuestro grupo consta de aproximadamente trece mujeres herejes. Algunas de nosotras contactaremos contigo en la conferencia. W. I. T. C. H. es un concepto total, una nueva dimensión de mujeres.

W. I. T. C. H. significa romper el concepto de mujer como criatura biológica y sexualmente definida. Implica la destrucción del fetichismo de la pasividad, el consumismo y la mercancía.

Grabado del siglo XVI en el que se muestra la práctica habitual de pretender «hacer nadar» a la supuesta bruja. Si esta flotaba era culpable.

W. I. T. C. H. es también una estrategia, un medio de subversión: la brujería.

¿Quién es el enemigo?

Las brujas deben saber nombres, o más bien, debemos nombrar cómo se manifiestan.

Recientemente, formamos un Teatro de Guerrilla de Brujas. Esto creció de la idea de que un grupo pequeño debía ser hábil en el uso de máscaras y otras técnicas. El grupo también se desarrolló a partir de dos acciones ya llevadas a cabo. En Halloween, W. I. T. C. H. estuvo haciendo tratos en Wall Street*. Hicimos hechizos a las empresas, condenamos a los bancos, exorcizamos y también golpeamos algunas mentes, aconsejamos a quien nos preguntaba sobre la bolsa de valores y cantamos la melodía de fabricación casera «Up Against the Wall Street». Desde entonces, nos volvimos locas en Wellesley** en una fiesta de bridge organizada para recaudar fon-

(*) W. I. T. C. H. participaron en la protesta realizada ante la Bolsa de Nueva York bajo el lema «Up Against the Wall Street» y cuyo otro lema era «Wall Street is War Street». Según el periódico izquierdista *Rat*, en una noticia fechada el 6 de noviembre de 1968, se afirmaba que «con los ojos cerrados y las cabezas bajadas invocaron un hechizo de las brujas argelinas, a la vez que anunciaban el próximo hundimiento de la Bolsa». Resultó curioso que ese día el mercado cerrase con una caída de 1,5 puntos, y al día siguiente con otra de 5.

(**) Referencia al Wellesley College, una de las más prestigiosas universidades femeninas de los Estados Unidos, situada en Wellesley, Massachusetts.

dos. Nuestro propósito a corto plazo es hacernos mejores brujas, atacar donde menos se espera, poseer a otras mujeres con la fiebre de las brujas y revelar que la rutina de la vida diaria es el teatro de la lucha.

Brujas surcando el cielo. Ulrich Molitor,
Tractatus von den Bosen Weibern, finales del siglo XV.

The Wonders of the Invisible World.

OBSERVATIONS

As well *Historical* as *Theological*, upon the NATURE, the
NUMBER, and the OPERATIONS of the

DEVILS.

Accompany'd with,

I. Some Accounts of the Grievous Molestations, by DÆ-
MONS and WITCHCRAFTS, which have lately
annoy'd the Countrey ; and the Trials of some eminent
Malefactors Executed upon occasion thereof : with several
Remarkable *Curiosities* therein occurring.

II. Some Counsils, Directing a due Improvement of the ter-
rible things, lately done, by the Unusual & Amazing
Range of EVIL SPIRITS, in Our Neighbourhood : &
the methods to prevent the *Wrongs* which those *Evil
Angels* may intend against all sorts of people among us .
especially in Accusations of the Innocent.

III. Some Conjectures upon the great EVENTS, likely
to befall, the WORLD in General, and NEW EN-
GLAND in Particular ; as also upon the Advances of
the TIME, when we shall see BETTER DAYES.

IV. A short Narrative of a late Outrage committed by a
knot of WITCHES in *Swedeland*, very much Resem-
bling, and so far Explaining, *That* under which our parts
of *America* have laboured !

V. THE DEVIL DISCOVERED : In a Brief Discourse upon
those TEMPTATIONS, which are the more Ordinary *Devices*
of the Wicked One.

By Cotton Mather.

Boston Printed by *Benj. Harris* for *Sam. Phillips.* 1693.

Texto de Cotton Mather (1693) que describe los
juicios contra las brujas de Salem, Boston.

4 | PASA LA PALABRA, HERMANA

Hechizo de W. I. T. C. H.
(Women's Independent Taxpayers, Consumers, and Homemakers)

Doble, burbuja, guerra y escombros.
Cuando te enredas con mujeres te metes en líos.
Somos condenadas por asesinato si se planea un aborto.
Condenadas por vergüenza si no tenemos un hombre.
Condenadas por conspiración si luchamos por nuestros derechos.
Y quemadas en la hoguera cuando nos levantamos para luchar.
Doble, burbuja, guerra y escombros.
Cuando te enredas con mujeres estarás en líos.
Maldecimos tu imperio para poder hacerlo caer.
Cuando te enfrentas a una de nosotras ¡te enfrentas a todas!

Pasa la Palabra, Hermana.

Sharon Krebs, militante de W. I. T. C. H., hace su aparición en la Convención del Partido Demócrata de 1968 en Chicago, llevando una cabeza de cerdo en una bandeja.

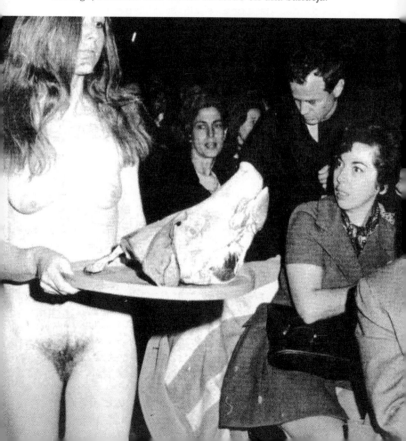

5 | ORÍGENES Y EL EXORCISMO DE CHICAGO

Por Marty y Roz Payne (militantes W. I. T. C. H.)

Marty:

Respecto al feminismo, algunas de las primeras activistas feministas en Nueva York (Robin Morgan, en concreto) estaban cercanas a los yippies, pero rompieron con estos (antes de Chicago) porque no las tomaban en serio y porque sentían que el feminismo, y no la orientación contracultural más imprecisa del Yippie, representaba la verdadera revolución. Pero ese es otro tema.

Yo fui una de las primeras activistas feministas en la ciudad de Nueva York (debería leerse «activistas de los sesenta», ya que hubo muchas más antes que nosotras). No todas nosotras rompimos con los yippies. Y no todas nosotras, las feministas, rompimos con los hombres. No olvidemos que Robin Morgan estaba viviendo con un hombre, al igual que lo estaban haciendo otras. A algunas de nosotras nos encantaba el teatro de los yippies y sentíamos que su política aportaba algo grande al movimiento antiguerra, a la lucha contra el racismo y a la lucha por la igualdad de derechos para las mujeres. Trabajando con Newsreel*, puse la película de acciones

(*) Newsreel fue una pionera productora de video muy conocida en Nueva York formada por varios activistas. Grabaron acciones de la nueva izquierda y realizaron distintos documentales, como el video en ocho milímetros *Garbage* del grupo Up Against the Wall Motherfuckers! Actualmente, Roz Payne es quien gestiona el archivo de Newsreel.

yippies. Los yippies eran divertidos. Yo era amiga de los yippies. En Newsreel, unas pocas y yo, luchamos contra la mayoría para que distribuyeran la película yippie.

W. I. T. C. H. en la Universidad de Chicago.
Fotografía de Jo Freeman.

Roz:

Un día, tras la Convención de Chicago, Sharon Krebs, Nancy Kurshan, Robin Morgan y yo misma comimos y nos reunimos en el apartamento de Robin Morgan y Ken Pitchford en la Tercera Avenida, sobre Kiehl's Store.

Las acusaciones llegaron de la Cámara del Comité de Actividades Antiaméricanas (HUAC) de Washington D. C. acusando a los «Ocho de Chicago», incluidos Abbie, Tom, Bobby, Dave, Lee, Jerry, Rennie, etc.

Todos habíamos trabajado en la organización de las manifestaciones durante la convención. Ninguna de nosotras había sido acusada, ninguna mujer había sido acusada. El Comité decidió que solo los hombres eran los líderes y nos dejó fuera del evento. Eso nos jodió.

W. I. T. C. H. en la Universidad de Chicago.
Fotografía de Jo Freeman.

Nos sentamos alrededor de una mesa a discutir qué íbamos a hacer al respecto y decidimos dar una conferencia de prensa y asistir a las vistas de la HUAC vestidas de brujas. Haríamos un hechizo a la HUAC y a los chicos acusados de ser los responsables de las manifestaciones de Chicago. Hicimos un escrito juntas.

Estábamos discutiendo qué significaban las letras de la palabra W. I. T. C. H. (Bruja) cuando, desde otra habitación, vino la voz de Ken diciendo «¿Women's In-

65

ternational Terrorist Conspiracy from Hell?» (Conspiración Terrorista Internacional de Mujeres del Infierno). Nos gustó a todas.

Avisamos a la prensa, dimos nuestra conferencia de prensa en frente del famoso Gem Spa entre la Segunda Avenida y St. Mark's, hogar de grandes cremas de huevo. Tuvimos una prensa excelente. Incluso, años más tarde, una portada del *New York Times Magazine* contó con nosotras para escribir una historia sobre las brujas.

Aparecimos en las vistas de la HUAC durante la convención de Chicago en Washington. Dibujamos un círculo en el suelo, estuvimos dentro de él y lanzamos nuestro hechizo a todos los hombres del Comité, a la HUAC y a nuestros chicos de Chicago.

W. I. T. C. H. en la Universidad de Chicago.
Fotografía de Jo Freeman.

6 | ACCIONES: CÉLULAS W. I. T. C. H. EN TODO EL TERRITORIO

W. I. T. C. H. NACIÓ EN LA NOCHE DE HALLOWEEN, en 1968 y en la ciudad de Nueva York, pero en unas pocas semanas los grupos de brujas habían surgido en puntos tan diversos como Boston, Chicago, San Francisco, Carolina del Norte, Portland (Oregón) y Austin (Texas). Aún se están propagando. Un cierto estilo común (despreocupación, teatralidad, humor y activismo) une a los grupos, los cuales, por otro lado, son totalmente autónomos y antijerárquicos hasta llegar a la anarquía.

En Washington D. C., W. I. T. C. H., tras una acción en la que hechizaba a la política opresora de la United Fruit Company* en el Tercer Mundo y la discriminación realizada a las secretarias de sus oficinas en territorio nacional («Plátanos y rifles, azúcar y muerte / Guerra por beneficios, respiración de las tarántulas / United Fruit hace montones de dinero / la CIA está en las últimas» eran los lemas), reivindicaba que el grupo era «un concepto total de identidad femenina revolucionaria», así como el brazo activista del Movimiento para la Liberación de las Mujeres, teniendo como principales objetivos la América financiera y corporativa, aquellas instituciones que tienen el poder de controlar y definir la vida humana.

(*) La acción contra la empresa se realizó en octubre de 1968. Por otro lado, existe numerosa documentación sobre las conexiones entre dicha compañía y la propia CIA en su colaboración con distintos regímenes dictatoriales latinoamericanos, en concreto con el Gobierno de Guatemala durante esa época.

Los grupos de W. I. T. C. H. en Chicago rociaron el Departamento de Sociología de la Universidad de Chicago con mechones de pelo y uñas tras el despido de una profesora feminista radical y también se manifestaron contra una temporal subida de tarifas. Ellas, al igual que W. I. T. C. H. de Nueva York, San Francisco, Dakota del Norte y Nueva Inglaterra, interrumpieron celebraciones nupciales locales. La fluidez e ingenio de W. I. T. C. H. es evidente en su acrónimo cambiante: el título básico, original, fue Women's International Terrorist Conspiracy from Hell (Conspiración Terrorista Internacional de Mujeres del Infierno), pero el Día de la Madre un grupo pasó a llamarse Women's Infuriated at Taking Care of Hoodlums (Mujeres Enfurecidas por el Cuidado de Rufianes); otro grupo que trabajaba en una importante compañía de seguros del Este pasó a llamarse Women's Indentured to Traveler's Corporate Hell (Mujeres Contratadas para el Infierno Corporativo del Viajero); otro grupo de agentes, trabajadoras de Bell Telephone, se manifestaban de manera subversiva como Women's Incensed at Telephone Company Harassment (Mujeres Indignadas ante el Hostigamiento de la Compañía Telefónica). Cuando hacían hechizos por los precios abusivos en los supermercados, apareció un grupo de brujas del Medio Oeste llamadas Women's Independent Taxpayers, Consumers and Homemakers (Mujeres Contribuyentes, Consumidoras y Amas de casa Independientes). Women's Interested in Toppling Consumption Hollidays (Mujeres Interesadas en Destruir las Vacaciones de Consumo) fue otra denominación. El último grupo que se oyó mientras se escribía esto fue Women's Inspired to Commit Herstory (Mujeres Inspiradas para Realizar Su Historia).

Detención de una sufragista a comienzos del siglo XX. En la página siguiente: Número especial de *Ramparts* dedicado al «Women Power» (febrero, 1968).

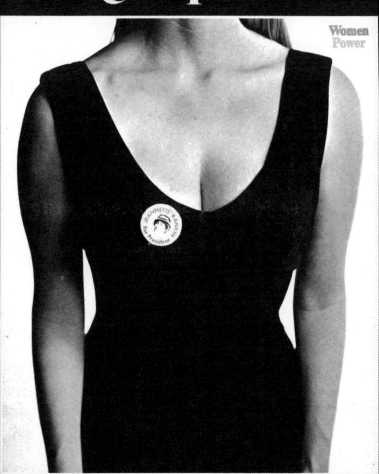

JEANNETTE RANKIN
For President

7 | PORQUE LA REBELIÓN ES COMO EL PECADO DE LA BRUJERÍA...

«Porque La Rebelión Es Como El Pecado De La Brujería».

Samuel I, 15, 23.

GRUPOS DE BRUJAS DE NUEVA YORK

W. I. T. C. H. ES UN TODO DE TODAS LAS MUJERES. Es teatro, magia de la revolución, terror, alegría, flores de ajo, hechizos. Es la conciencia de que las brujas y las gitanas fueron las primeras guerrilleras y luchadoras de la resistencia contra la opresión —especialmente la opresión contra las mujeres— a través de la historia. Las brujas siempre han sido mujeres que se han atrevido a ser geniales, valientes, agresivas, inteligentes, inconformistas, exploradoras, curiosas, independientes, liberadas sexualmente, revolucionarias.

Esto posiblemente explica por qué nueve millones de ellas fueron quemadas. Las brujas han sido las primeras cabezas pensantes, las primeras practicantes del control de la natalidad y abortistas, las primeras alquimistas (¡convierte todo lo inservible en oro y devaluarás toda la idea de dinero!). No reconocían la superioridad de ningún hombre, siendo los vestigios vivientes de la más vieja de las culturas, aquella en la que hombres y mujeres tenían igualdad de derechos en una sociedad verdaderamente cooperadora, antes de que la represión mortífera a nivel sexual, económico y espiritual de la Sociedad Fálica Imperialista tomase el mando y comenzase a destruir la naturaleza y la sociedad humana.

W. I. T. C. H. vive y ríe en cada mujer. Es la parte libre de cada una de nosotras, bajo las sonrisas tímidas, la aprobación ante la absurda dominación masculina, el maquillaje o la ropa asfixiante para la piel que nuestra sociedad enferma nos exige llevar. No hay una «casi» W. I. T. C. H. . Si eres una mujer y te atreves a mirar dentro de ti, eres una Bruja. Crea tus propias normas. Eres libre y hermosa. Puedes ser invisible o visible acerca de cómo elijas dar a conocer tu cara de bruja. Puedes formar tu propio Grupo de Hermanas Brujas (trece es un número acogedor para un grupo) y hacer tus propias acciones.

Todo lo represivo, lo orientado únicamente a los hombres, lo codicioso, lo puritano, lo autoritario, esos son tus objetivos. Tus armas son el teatro, la sátira, las explosiones, la magia, las hierbas, la música, los disfraces, las cámaras, las máscaras, los cánticos, las pegatinas, las plantillas y la pintura, las películas, las panderetas, los ladrillos, las escobas, las armas, las muñecas de vudú, los gatos, las velas, las campanillas, la tiza, los trozos de uñas, los cócteles molotov, los círculos venenosos, las mechas, las grabadoras, el incienso y tu propia y hermosa imaginación sin límites. Tu poder procede de tu propio ser como mujer, y se activa al trabajar conjuntamente con tus hermanas. El poder del Grupo es más que la suma de sus miembros individuales, porque es todas juntas.

Tienes el compromiso de liberar a nuestros hermanos de la opresión y de los roles sexuales estereotipados (tanto si les gusta como si no) al igual que a nosotras mismas. Te vuelves Bruja al decir en alto «soy una Bruja» tres veces y al pensar en ello. Te vuelves Bruja siendo mujer, no dócil, enfadada, alegre e inmortal.

AL IGUAL QUE CON OTROS GRUPOS OPRIMIDOS, a las mujeres no se les ha permitido desarrollar una conciencia de su propia historia. Cuando intentamos pensar en grandes mujeres de la historia pensamos en George y Martha*, pero ¿quién demonios fueron esta gente? Reivindicamos aprender la historia de las mujeres de la misma forma que reivindicamos que la historia sea la historia de la gente, no de las élites.

La historia de las mujeres ha sido distorsionada severamente. Un ejemplo excelente de ello es nuestro conocimiento de la brujería en Europa y en América. Pensamos en las brujas como mujeres viejas malévolas que preparan la muerte de sus vecinos y el libertinaje del mundo cristiano civilizado, llevándonos a todos al infierno con la ayuda de Satán. O, por el contrario, no las tomamos en serio en absoluto, sino que creemos que las brujas nunca han existido y que los juicios y las purgas fueron incidentes aislados y específicos de unas pocas sociedades.

(*) George y Martha Washington, primer presidente y primera dama de la historia de los Estados Unidos de América.

De hecho, la brujería fue la religión pagana de toda Europa durante los siglos previos al auge del cristianismo y la religión del campesinado durante cientos de años después de que el catolicismo prevaleciera entre las clases gobernantes de la sociedad occidental. La purga contra la brujería fue la supresión de una cultura alternativa y de una estructura social y económica distinta.

Antes de la Edad Media, los europeos vivían en sociedades consistentes en pequeñas agrupaciones agrícolas y ganaderas. Eran una raza minúscula que se trasladó a las colinas y continuó viviendo en pequeñas sociedades comunales mientras el cristianismo se impuso en las tierras bajas. Estas sociedades eran matriarcales, no tenían propiedad privada ni ninguna institución de matrimonio. Su dios era una mujer, Tana, la diosa luna. Tana era la reina del cielo, la luna, y era la diosa de la fertilidad, de la lluvia y de la magia. Los rituales de las brujas eran básicamente danzas circulares nocturnas durante las cuales bendecían a la luna y al cambio de estación.

Al contrario que sus homólogas de la cultura cristiana, las mujeres eran muy respetadas en las sociedades de las brujas; eran integrantes de la jerarquía de la iglesia, la cual también servía a las necesidades gubernamentales de la gente. Al no haber propiedad privada ni matrimonio, las mujeres no eran vendidas como posesiones a sus futuros maridos, como lo han sido en la cultura occidental. Así, durante su conversión forzada al cristianismo, las mujeres lucharon para mantener sus derechos y por una religión que las reconociera como parte importante.

Los católicos habían intentado la conversión lenta de las brujas durante muchos siglos y hay evidencias de que hubo una mezcla de creencias cada vez mayor. El culto a la Virgen María fue enfatizado por la reivindicación popular de los nuevos conversos que habían sido acostumbrados a adorar a una mujer como una divinidad suprema. Pero la combinación de numerosos factores hizo intolerable la existencia duradera de rituales y creencias paganas. El principal factor fue la peste negra.

La muerte barrió Europa en el siglo XIII, matando al veinticinco por ciento de la población. Fue necesaria una explicación religiosa de estos hechos para calmar los miedos de la gente. Entonces, la peste fue definida como el castigo de Dios a un pueblo que toleraba la herejía. Pero ¿quién tenía que definir herejía? Las brujas culpaban de la peste a los cristianos, quienes habían abandonado a los viejos dioses y los católicos culpaban a las brujas. Prevalecieron los más fuertes. Los cristianos estaban organizados jerárquicamente, controlaban a las clases más altas, al ejército y a los gobiernos estatales por toda Europa. Las brujas eran las campesinas y las clases más bajas, las tribus de las colinas y, además, eran mujeres. La bruja local, naturalmente, se convirtió en el chivo expiatorio de la peste. Mientras se desarrollaron las revueltas de campesinos, la «brujería» se convirtió en un grito de guerra para que el resto de la población se armara. Las purgas claramente adquirieron la naturaleza de una lucha de clases.

Sin embargo, el proceso reveló algo más que un intento por mantener a la gente bajo control. Las mujeres se vieron en una situación de opresión única, resultado de los puntos de vista implícitos en el catolicismo. El principal documento usado para suprimir la brujería, *Malleus Maleficarum**, de Kramer y Sprenger, encargado por el Papa en 1486, discute detenidamente la naturaleza malvada de las mujeres. En dicho texto se dice que la razón principal de la frecuente asociación de la mujer con el mal es que «ella es más carnal que el hombre, como resulta claro a partir de sus muchas abominaciones carnales [...] hubo un defecto en la formación de la primera mujer, ya que fue formada a partir de una costilla torcida [...] y ya que debido a este defecto es un animal imperfecto, siempre engaña [...] Para concluir: toda la brujería viene del deseo carnal, el cual es insaciable en las mujeres». Por consiguiente, la religión de las brujas, conocida por sus ritos de fertilidad y la libertad de las mujeres, no podía ser tolerada si las mujeres tenían que ser castas y serviles con los hombres, tanto en la religión como en el hogar.

(*) El *Malleus Maleficarum*, o «Martillo de las Brujas», es probablemente el tratado más importante que se haya publicado en el contexto de la persecución de brujas y la histeria colectiva hacia ellas durante el Renacimiento. Es un exhaustivo libro sobre la caza de brujas que, tras ser publicado primeramente en Alemania en 1487, tuvo docenas de nuevas ediciones, se difundió por Europa y consiguió un profundo impacto en los juicios contra las brujas en el continente durante cerca de doscientos años. Esta obra es notoria por su uso en el periodo de la la caza de brujas que alcanzó su máxima expresión entre mediados del siglo XVI y mediados del XVII.

MALLEVS
MALEFICARVM,
MALEFICAS ET EARVM
haeresim frameâ conterens,

EX VARIIS AVCTORIBVS COMPILATVS,
& in quatuor Tomos iustè distributus,

QVORVM DVO PRIORES VANAS DÆMONVM
versutias, praestigiosas corum delusiones, superstitiosas Strigimagarum
caeremonias, horrendos etiam cum illis congressus ; exactam denique
tam pestifera sectae dissssrestionem, & punitionem complectuntur.
Tertius praxim Exorcistarum ad Dæmonum, & Strigimagarum male-
ficia de Christi fidelibus pellenda ; Quartus verò Artem Doctrinalem,
Benedictionalem, & Exorcismalem continent.

TOMVS PRIMVS.
Indices Auctorum, capitum, rerúmque non desunt,

Editio novissima, infinitis penè mendis expurgata ; cuique accessit Fuga
Dæmonum & Complementum artis exorcisticæ.

Vir sive mulier, in quibus Pythonicus, vel divinationis fuerit spiritus, morte moriatur ;
Leuitici cap. 20.

LVGDVNI,
Sumptibus CLAVDII BOVRGEAT, sub signo Mercurij Galli,

M. DC. LXIX.
CVM PRIVILEGIO REGIS.

Portada original de *Malleus Maleficarum* (1487).

Incluso mientras la religión de la brujería fue suprimida, las mujeres lucharon duro por retener su libertad anterior. La Iglesia entendió que si su control tenía que ser eficaz la purga debía ser de gran alcance y brutalidad. Las insurgentes no eran derrotadas fácilmente. Varias autoridades han calculado que entre los siglos XV y XVIII, nueve millones de brujas fueron ejecutadas por sus presuntas creencias y crímenes. La persecución fue especialmente brutal en el continente. La tortura y la quema asesinaron eficazmente a novecientas brujas en un solo año en la zona de Wurtzburgo, y mil en Como y en los alrededores. En Toulouse, en un solo día, mataron a cuatrocientas brujas.

De este modo, la bruja fue elegida por las mujeres como una imagen revolucionaria porque lucharon con fuerza y en su lucha rechazaron aceptar el tipo de pelea que la sociedad consideraba aceptable para su sexo. Por último, fueron el centro del movimiento como agitadoras; al igual que las mujeres de hoy en día que tienen que adquirir posiciones de liderazgo relacionando la política radical con la opresión real de la gente, y tratando de conseguir la igualdad verdadera en un movimiento revolucionario.

9 | HAZ FRENTE A LOS CREADORES DE PUTAS

EL MATRIMONIO ES UNA INSTITUCIÓN DESHUMANIZADORA. Es la prostitución legal de las mujeres. Haz frente a los perpetradores de nuestra explotación como mujeres. Haz frente a las instituciones que nos convierten en títeres en una cultura dominada por los hombres. Haz frente a la estructura que obliga a los hombres a adoptar los roles deshumanizadores de nuestros opresores. Haz frente a la Feria Nupcial*, que empuja a las chicas jóvenes vulnerables a ser obedientes, conformistas, a que se autosacrifiquen, a «adorar» los objetos del mercado del matrimonio y a estar bien presentables, totalmente automatizadas, a ser consumidoras conscientes de las marcas. Haz frente a los expositores de esta extravagancia comercial: los «chicos grandes» del mundo de los negocios y las finanzas que, al mismo tiempo, están esclavizando y asesinando a nuestras hermanas y hermanos en Asia, África, y América Latina.

Venid brujas, gitanas, feministas, estudiantes, nuestras hermanas negras y de Puerto Rico, profesionales, amas de casa, mujeres de la asistencia social. Venid todas las mujeres oprimidas de cualquier edad y estado civil. Venid a la primera y última injusta exhibición de correas de Nueva York.

(*) La acción, con la que se interrumpió la Feria Nupcial de Nueva York, se realizó el día de San Valentín de 1969. El lugar del evento era el Madison Square Garden y el lema escogido por W. I. T. C. H. fue «El amor comienza en Chase Manhattan».

Traed carteles, escobas, disfraces, conciencia, rabia, pociones de bruja, amor, trajes de novia, panderetas, hechizos, risa, solidaridad y alternativas.

Nosotras crearemos nuestros propios rituales y festivales, representaremos nuestros propios espectáculos antimoda, nos reuniremos las unas con las otras y con las futuras novias que irán a la feria en defensa propia contra el enemigo común. Distribuiremos bolsas W. I. T. C. H. para robar en tiendas, compartiremos cacao gratis y experiencias, lanzaremos hechizos, celebraremos teatro de guerrilla y reivindicaremos el final de la estructura patriarcal y de una sociedad orientada al beneficio económico. Las ferias nupciales no deben tener lugar. Y estas son las razones:

1. SIEMPRE NOVIA, NUNCA PERSONA. Las mujeres fueron las primeras esclavas, los primeros artículos de trueque en el tiempo, cuando la economía del dinero y la estructura patriarcal estaban justo comenzando. Desde entonces, ha habido presión sobre las mujeres para que se casen o se enfrenten al rechazo social por ser solteras (una especie subhumana). A la mujer se le enseña desde la infancia que su único objetivo verdadero en la vida es desempeñar el papel de esposa y madre de herederos varones. Se le permite una identidad solo como apéndice de un hombre. Una chica soltera es considerada rara (una lesbiana) o que tiene una carrera castrante, una mujer caída, una puta, «antinatural», solterona frustrada, enferma. Al final, comienza a creerse tales insinuaciones. No hay salida: casarse o morir.

2. AQUÍ VIENE EL SOBORNO. Las empresas se apresuran a sacar provecho de nuestras inseguridades. ¿Seré una buena ama de casa y cocinera? ¿Cómo evito que mi marido tenga aventuras con otras mujeres? ¿Le gustaré a sus amigos? ¿Me llevaré bien con mi suegra? ¿Seré un estorbo para su carrera? ¿Perderé mi belleza después del primer bebé? ¿Seré buena en la cama? ¿Me ama realmente?

Aislada de sus hermanas, que han sido arrojadas al rol de enemigas y competidoras en la desesperada lucha por un marido, la novia está sola. Está sola en su barrio residencial, en su apartamento o en su trabajo de mecanógrafa. Está deshumanizada, sin recursos. Y es manipulada por las grandes empresas que necesitan consumidores sobre los cuales descargar su exceso de producción, las cuales tienen una respuesta para las mujeres ansiosas: ¡compra!

Compra cosméticos y ropa de fantasía para estar guapa. Compra comida *gourmet* para poder llegar al corazón de un hombre. Compra muebles de moda para el hogar, para ser respetada en la comunidad. Ten una luna de miel glamurosa para obtener estatus en la oficina. Compra desodorante para estar «delicada» y «segura». Compra cigarrillos Virginia Slims* para demostrar la afirmación estadounidense de que «has progresado, nena». Y, después de todo esto, ¿todavía le falta sentido a tu vida? Entonces concédete un estímulo y pasa una tarde eli-

(*) Virginia Slims es una marca de cigarrillos «especiales para mujeres» cuyo lema publicitario era «You've come a long way, baby».

giendo qué tonalidad de papel higiénico floreado «es más tú». Con estas tonterías, las empresas transforman nuestras dudas personales y necesidades emocionales en mercancías y nos las venden a un buen precio.

3. TIENES UN DEMONIO EN CHASE MANHATTAN. Las empresas que exponen en esta Feria Nupcial incluyen al Chase Manhattan Bank (inversor importante en el racista South Africa International Coffee) que condena a sus trabajadores sudamericanos a la pobreza y a un trabajo de esclavos; Aeronaves de México, aerolínea de un Gobierno que está actualmente torturando, encarcelando y matando a miles de estudiantes; J. P. Stevens, proveedor de fábricas con un importante contrato para la defensa del Gobierno (¿está J. P. Stevens haciendo uniformes militares y mortajas para soldados al mismo tiempo que está llenando nuestro arcón de boda de linos de mala calidad?). El imperialismo comienza en casa.

4. EL RITUAL ES LA REALIDAD. El día de nuestra boda es el «único» de nuestras vidas. Comenzamos, consumamos, consumimos y somos consumidas en este único día, habiendo pasado nuestra infancia jugando a las «casitas» y nuestra adolescencia llenando arcones de boda con sueños vacíos de Hollywood–Madison Avenue. La ceremonia de la boda es el ritual simbólico de nuestra transferencia legal como propiedad del padre a propiedad del marido. Se cambia el apellido de un hombre por el del otro y nuestro rol como mercancía en el hogar de un hombre sigue siendo el mismo. Y esto es lo más destacado

de nuestras vidas, nuestra única fiesta. Ya no celebraremos este día de ignominia. Crearemos nuestros propios rituales y fiestas: las fiestas de la vida, en lugar de las de la muerte.

Cartel de W. I. T. C. H. contra la Feria Nupcial.

Esto no es todo. Aunque no cedamos a la reivindicación de la sociedad de las trampas legales y comerciales al simple acto de vivir juntos, nuestra alternativa no es «no casarse» en la actual sociedad enferma, racista, sexista. La llamada «revolución sexual» de la última década solo ha vuelto más sutiles las presiones sobre las mujeres y les ha proporcionado a los agentes de la avaricia medios incluso más complejos para asegurar su desgastadora hegemonía sobre nosotras.

¡HERMANAS! ¡Hagamos frente a los creadores de putas de la Feria Nupcial (y de cada feria nupcial a través del país)! Pero más importante, ¡hagamos frente y derroquemos a las instituciones del matrimonio y del capitalismo, que hacen posible tales ferias nupciales!

Activista W. I. T. C. H. durante la acción contra la feria nupcial.

10 | W. I. T. C. H.
CEREMONIA DE LA NO BODA

ESTAMOS REUNIDAS AQUÍ en el espíritu de nuestra pasión para afirmar el amor e iniciar nuestra libertad del profano estado de la opresión patriarcal estadounidense.

Prometemos amar, querer y disfrutar de las demás y de todas las cosas vivientes. Prometemos derrotar la unidad familiar enajenada. Prometemos no obedecer. Prometemos esto mediante gritos y situaciones incómodas, en reconocimiento de que las riquezas y los objetos están totalmente disponibles mediante el socialismo o el robo (pero también que el poseer es irrelevante para el amor).

Prometemos estas cosas hasta que la elección nos haga separarnos. En el nombre de nuestras hermanas y hermanos de todas partes y en el nombre de la Revolución, nos declaramos Seres Humanos Libres.

Adhesivo/cartel de W. I. T. C. H. .

W. I. T. C. H. en Chicago.
Fotografía de Lee Balterman para la revista *LIFE*.

11 | HECHIZO CONTRA LA ESCLAVITUD

ABAJO LAS CADENAS
LAS CADENAS SOBRE LOS CEREBROS
CONSTREÑIDOS POR
REIVINDICACIONES DE BELLEZA

HECHIZO A LOS JUEGOS DE EGO
DE LOS AMOS

LÍBRANOS DEL
PAQUETE DE SUBASTAS

lleva esta fianza
plancha esta camisa
no lo llames
él te llamará a ti
cierra la boca
no pienses
sonríe para él
él siempre tiene la razón

HECHIZA ESE JUEGO
APRENDE A LUCHAR

Boicot a Mis América (1968). Un contingente de mujeres, entre las que estaban las activistas de W. I. T. C. H., boicotearon la ceremonia. En la imagen, un gran cubo de basura en el que las participantes arrojaban sus sujetadores. Fotografía de Jo Freeman.

12 | AT&T
(AMERICAN TELEPHONE AND TELEGRAPH)
BUSCA CHICAS, NO MUJERES

Panfleto de W. I. T. C. H. (Women's Incensed at Telephone Company Harassment)

La semana pasada, AT&T despidió a dos mecanógrafas que estaban cansadas de ser «chicas».

Definición de chica: joven, inexperta, fácil de enseñar, inocente, respetuosa, obediente, emocional, no lógica, alegre, con volantes, frívola, despreocupada, alocada, detallista, mezquina, decorativa, dócil, dulce y pasiva, fácil de controlar.

¿CÓMO SE CONVIERTE UNA CHICA EN UNA CHICA?

Nace una chica y sus padres le compran cosas (almidonadas y rasposas) de color rosa y con volantes... Pero ellos realmente querían un chico. Le compran muñecas y casas para las muñecas y le dicen que no debe jugar con los juegos de construcción de su hermano. Mientras su hermano sueña con ser presidente, médico o astronauta, a la niña pequeña se le dice que ella tiene que ser secretaria, enfermera o la mujer de un astronauta.

En la escuela: se espera que las chicas estén calladas y que se porten bien, mientras se espera que los chicos jueguen de forma brusca y sean salvajes. Se espera que los chicos hagan preguntas y que sean lógicos; y que las chicas sean diligentes y detallistas. Los maestros, al igual que los padres, piensan que es importante que los chicos vayan a la universidad para conseguir un buen trabajo, pero todo lo que una chica tiene que aprender es cómo ser la buena secretaria de algún hombre hasta que sea la buena esposa de algún otro. Y el peligro de que pueda no llegar a ser una esposa es la peor amenaza de todas, mantenida sobre ella para hacerla comportarse bien.

Para conseguir un hombre, tiene que ser al mismo tiempo sexy y asexuada, porque el hombre tiene que estar experimentado cuando se case, pero la chica tiene que ser virgen. Si nos comportamos de forma natural en lo que respecta al sexo, somos usadas por los hombres y deshonradas por la sociedad y se nos hace sentir avergonzadas y culpables. Pero si no nos comportamos naturalmente con el sexo, somos menospreciadas por ello también, llamadas mojigatas y frígidas y, de hecho, nos volvemos temerosas de nuestros sentimientos a nivel sexual.

En el trabajo: y finalmente llegamos al trabajo, pensando que por fin hemos conseguido el derecho a ser mujeres. Pero descubrimos que AT&T nos trata como chicas, de la misma manera que fuimos tratadas en la escuela.

NIÑAS, NO:

Habléis con vuestros vecinos
Llevéis las faldas muy cortas
Llevéis faldas–pantalón
Lleguéis tarde
No llevéis medias
No llevéis sandalias que se cruzan entre vuestros dedos
No pongáis cosas bonitas en vuestros escritorios

No tengáis imágenes bonitas sobre vuestras máquinas
No vayáis al baño de dos en dos
No dejéis pelos en los desaguaderos del baño
No uséis demasiado papel higiénico
No uséis corrector de caracteres
No uséis líquido corrector, ya que podría derramarse
sobre vuestra ropa
No os divirtáis en el trabajo, porque este es un lugar de
negocios
No vayáis al banco en los descansos
No fuméis en la oficina de mecanografía cuando queráis
porque veáis al supervisor fumando
No hagáis preguntas a vuestro supervisor
No perdáis el tiempo descansando los ojos o los dedos
No os riáis en voz alta
No os comportéis como jóvenes (lo cual sois)
No os quedéis embarazadas sin consultarlo con el super-
visor
No os levantéis cuando el supervisor dice que os sentéis
No os sentéis cuando el supervisor dice que os levantéis
No discutáis vuestros derechos como trabajadoras con las
demás
No discutáis vuestros sueldos
No os unáis con vuestras compañeras de trabajo

HACED LO SIGUIENTE:

Rellenad vuestras hojas de trabajo y competid con las
demás
Llevad un permiso todo el tiempo

Aceptad todo lo que el supervisor dice
Haced descansos (recreos) a la hora prevista
Producid, producid. Producid de manera que la empresa que os trata tan bien pueda obtener cada vez más beneficios

¿CÓMO SE CONVIERTE UNA CHICA EN UNA MUJER?

Cuando define su propia vida y deja de ser controlada por su familia, su novio o su jefe. Cuando aprende a levantarse y luchar por sí misma y por otras mujeres, porque ha aprendido que sus problemas no son únicamente suyos.

Por todo el mundo, las chicas están creciendo...

13 | ENCANTAMIENTO DEL DÍA DE LA MADRE

HECHIZO DE W. I. T. C. H. (WOMEN'S INTERESTED IN TOPPLING CONSUMPTION HOLIDAYS)

Cada año reservamos
un día muy especial
para recordarte, Querida Mártir,
que el hogar está donde tú estás.

Tu familia quiere agradecerte
tu martirio.
Después de todo, sin ti
no se habría hecho un trabajo verdadero.

Mientras el marido cuenta al mundo
sus maravillas aún por realizar,
tú cocinas sus comidas, limpias su casa
y mantienes caliente su lado de la cama.

Tus hijos son tu reto,
en ellos siembras tus sueños.
Has abandonado tu propia vida
y vives solo por ellos.

Ahora considera a tu hija.
¿También será ella esclavizada
a un hombre, a un hogar y a una familia?
Ahora considera a tu hija.
¿También será ella esclavizada

a un hombre, a un hogar y a una familia
o aún puede ser salvada?

Este es tu verdadero reto:
¡Renuncia a tu martirio!
Conviértete en una madre liberada,
en una mujer, no en una «mamá».

14 | Conspiración Contra las Mujeres

HECHIZO DE W. I. T. C. H.
(WOMEN'S INSPIRED TO COMMIT HERSTORY)

6 hermanas en prisión.
3 hermanas embarazadas.
2 hermanas casi de parto.
Todas han sido acusadas
de conspiración y asesinato*.
Ninguna ha sido juzgada
ni declarada culpable.
Las 6 son negras.
Las 6 son Panteras.
Las 6 son hermanas.

(*) El texto alude a la detención, durante 1968, de distintas e importantes activistas afroamericanas (como la comunista Angela Davis) acusadas de conspiración o pertenencia a grupos armados y terroristas. La cruenta campaña contra los sectores más visibles del movimiento del *black power* condujo a la radicalización del mismo, surgiendo organizaciones específicamente armadas como el Ejército de Liberación Negro.

PRISIÓN:

1. El acto
de encerrar dentro de un recinto;
el acto de encarcelar.
2. El estado de sentirse controlado
u obligado a permanecer dentro.
3. Una mujer permanece en la cama hasta más tarde;
parto (Standard Collage Dictionary).
¿Cómo trata a las mujeres la prisión de Niantic en New
Haven?
Ellas son:
aisladas de otras presas,
privadas del sueño por el ruido continuo
de los walkie-talkies
y por luces brillantes constantes,
privadas de su derecho constitucional
a preparar su caso,
privadas de su derecho legal
a elegir un abogado.

¿Cómo prepara la prisión de Niantic a las mujeres
para su encarcelamiento?
Ellas son:
privadas de la elección de médicos,
privadas de información sobre el parto,
privadas de la elección de un método de parto,
privadas de dieta,
ejercicio, medicación y vestuario adecuados.

Rose Smith pesaba 132 libras
al principio de su embarazo.
Ahora, a los siete meses de embarazo,
después de los cuidados prenatales de Niantic,
pesa 133 libras.

Los guardias estarán presentes
cuando nazcan los bebés.
Los guardias estarán presentes
para llevárselos.
El Estado decidirá
quién «es adecuado» y quién «no es adecuado»
para vigilar y ser el guardián
de la madre y su hijo.

Niños oprimidos:
en centros de protección de menores, en orfanatos,
en escuelas, en casas de acogida,
por la pobreza, por la rutina,
por el racismo, por la supremacía masculina.
Por lo tanto,
W. I. T. C. H. maldice al Estado
y lo declara inadecuado.

W. I. T. C. H. conoce nuestra historia suprimida:
que las mujeres que se rebelan son, no solo
encarceladas, atacadas con napalm y golpeadas,
sino también
violadas, marcadas y quemadas en la hoguera.
Nosotras, las mujeres, estamos:

en la cárcel de Niantic,
en el lodo de Vietnam,
en los barrios bajos de las ciudades,
en los guetos del extrarradio,
en las máquinas de escribir
de las empresas
en las máquinas mimógrafas
de la Izquierda,
en el agua en Chappaquidick*,
en las camas tortuosas de Babilonia.

Vamos a parar
todos los encarcelamientos de mujeres.
W. I. T. C. H. desea la destrucción
de Babilonia.
Opresores:
la maldición de las mujeres ha caído sobre vosotros.

MUERTE AL MACHISMO.

(*) En 1969, Ted Kennedy, senador de Massachusetts, y su acompañante Mary Jo Kopechne, asesora en su campaña política, sufrieron un accidente automovilístico al salirse de un puente en Chappaquidick (Massachusetts). Ted abandonó el lugar del accidente, declarándose culpable tiempo después y siendo condenado a dos meses de prisión, pena que nunca cumplió. Mary Jo falleció en el acto.

15 | Adiós a Todo Eso

A FINALES DE LOS AÑOS SESENTA y principios de los setenta, *Rat* fue uno de los principales periódicos de contracultura y Nueva Izquierda de la ciudad de Nueva York. En enero de 1970, un grupo de mujeres que trabajaban en *Rat*, hartas del sexismo cada vez más agresivo del contenido del periódico y de las jerarquías internas, tomaron el mando del periódico y, con la ayuda de mujeres pertenecientes a grupos de Liberación de la Mujer de Nueva York, lo convirtieron en un periódico feminista. En octubre de aquel año vio la luz el especial *Women´s LibeRATion*, donde se incluyó el texto que reproducimos y que generó un enorme debate en el interior de la escena contracultural.

«Adiós a Todo Eso» (en la página siguiente) fue firmado por Robin Morgan. Su crítica fue de tal calibre, que incluso alcanzó a figuras de la contracultura como Jerry Rubin, entonces pareja de Nancy Kurshan, que había pertenecido a W. I. T. C. H. y había estado vinculada al Partido de las Panteras Blancas y Weather Underground. Al final del texto puede leerse: «Era Nancy Kurshan, su mujer, el poder detrás del payaso». Posiblemente, *Rat* fue el periódico más abierto, horizontal y autogestionado de las numerosas publicaciones de la contracultura americana. En diversas ocasiones, fue gestionado directamente por la misma gente que colaboraba escribiendo, por lo que prácticamente no existía dirección. También fueron detenidas algunas de sus principales figuras, siendo acusadas de participar en acciones armadas [NOTA DE LOS EDITORES].

Bueno, *Rat* ha sido liberado, por lo menos por esta semana. ¿La próxima semana? Si los hombres vuelven a poner las fotos de corte pornográfico, las tiras cómicas sexistas, las portadas con «chavalitas desnudas» (junto con su retórica condescendiente sobre estar a favor de la liberación de las mujeres)... Si esto pasa, está claro cuáles son nuestras alternativas. *Rat* debe estar bajo el control de las mujeres de forma permanente o debe ser destruido.

¿Por qué *Rat*? ¿Por qué no *EVO* o incluso los nuevos y obvios fanzines porno (distribuidos por la mafia junto con la pornografía humana de la prostitución)? En primer lugar, ya les llegará lo suyo; pero no será a través de una toma de posesión, reservada para aquello que por lo menos merezca la pena ser poseído. Tampoco se les debería censurar. Simplemente se debería contribuir a que no existan, empleando cualquier medio necesario. Pero *Rat*, que siempre ha intentado ser realmente un periódico de estilo de vida radical, es otro tema. *Rat* son las máscaras cooptativas liberales en la cara del odio y el miedo sexistas, que llevan puestas chicos verdaderamente simpáticos que todas conocemos y que nos gustan, ¿no? Hemos conocido al enemigo y es nuestro amigo. Y es peligroso. «Qué demonios, permitid que las chavalas hagan un número; quizás eso les satisfaga un rato, es una buena controversia, y quizás venda periódicos», se dijo en una conversación no escuchada que estoy segura que tuvo lugar en algún momento de la semana pasada.

Y eso es sobre lo que quería escribir: sobre los amigos, hermanos y amantes miembros de la falsa Izquierda dominada por hombres. Sobre los tipos buenos que piensan que lo saben todo sobre «la Lib de las Mujeres», como la llaman ellos en plan amigable, quienes luego pasan a degradar y destruir a las mujeres con casi todo lo que dicen y hacen: la cubierta del último número de *Rat* (portada y contraportada), los artículos simbólicos sobre el «poder del coño» o la «militancia del clítoris», las descripciones insidiosas de las mujeres de la plantilla en las cabeceras, las bromitas, los anuncios personales, la sonrisa, el gruñido. Basta, hermanos. Basta de ignorancia bienintencionada, basta de cooptación, basta de suponer que todos estamos luchando por lo mismo, una revolución por debajo del *hombre,* con libertad y justicia para todos. Basta.

W. I. T. C. H. en Chicago. Fotografía de Louise Brotsky.

Vamos a echarlo abajo. Los hombres blancos son más responsables de la destrucción actual de la vida humana y del medio ambiente del planeta. ¿Pero quién está controlando la supuesta revolución para cambiar todo eso? Los hombres blancos (sí, sí, incluso con sus narices pálidas metidas nuevamente en fregados negros y marrones). Esto puede ser un poco preocupante. Parece obvio que una revolución legítima debe ser llevada por y *hecha* por quienes han estado más oprimidas: las *mujeres* negras, marrones, amarillas, rojas y blancas, con los hombres relacionándose con ello de la mejor manera que puedan. Una Izquierda genuina no considera irrelevante ni estimulante el sufrimiento de nadie; ni funciona como un microcosmo de economía capitalista, con los hombres compitiendo por poder y estatus en la parte de arriba, y las mujeres haciendo todo el trabajo en la parte de abajo (y funcionando como premios cosificados o como moneda). Adiós a todo eso.

Echadlo abajo completamente.

Adiós al movimiento pacifista de dominación masculina, donde el viejo y dulce Tío Dave* puede decirle con impunidad a una mujer de la plantilla de la revista *Liberación*: «El problema contigo es que eres una mujer agresiva».

Adiós a la Izquierda convencional dominada por los hombres: a PL**, que permite que algunas trabajadoras sean mujeres, pero no ve a todas las mujeres (es decir,

(*) Se refiere a David Dellinger, que fue uno de los «Ocho de Chicago». En 1956, él y A. J. Muste fundaron *Liberación*.

(**) El Progressive Labor, también conocido como Progressive Labor Movement, fue una escisión del Partido Comunista Americano surgida en 1961 y de tendencia maoísta.

a las amas de casa) como trabajadoras (ciegos como el propio Sistema); a todos los viejos partidos sobrantes de la Izquierda que nos ofrecen sus «camarillas de Liberación de las Mujeres» como si eso no fuera un contrasentido; a los líderes individuales antiliderazgo que escogen a dedo a ciertas mujeres para que sean líderes y después se relacionan solo con ellas, tanto en la Izquierda masculina como en la Liberación de las Mujeres, llevando a todo lo que tocan sus complejos sobre la dominación del poder y la manipulación.

Adiós a Weather Vain*, con la imagen de Stanley Kowalski** y su teoría de la sexualidad libre pero con la práctica del sexo a demanda para los hombres. «¡Izquierda Fuera!» —¡no a la Derecha!—. A las Hermanas Weather, quienes (y ellas lo saben mejor, *lo saben*) rechazan su propio feminismo radical en ese último intento desesperado de conseguir la aprobación masculina que todas conocemos tan bien; por afirmar que el estilo machista y la vio-

(*) Se trata de una crítica y un comentario sarcástico dirigido al grupo armado Weathermen. *Vain* significa superficial, egoísta, banal. *Weather vain* es la veleta decorativa en lo alto de los edificios que señala la dirección del viento.

(**) Stanley Kowalski era el personaje central de la obra *Un tranvía llamado deseo* (estrenada por vez primera en 1947) de Tennessee Williams. La obra generó mucha polémica, ya que trataba temas relacionados con la sexualidad, como la libertad sexual, la homosexualidad o la bisexualidad.

lencia gratuita son su propio estilo por «libre elección», y por creer que ese es el modo en el que una mujer puede hacer su propia revolución... Oh mi hermana, todo el tiempo sin mirarme a la cara porque los Weathermen eligieron a Charles Manson como su héroe, y el tuyo también*. (Son honestos, por lo menos, ya que Manson es solo el extremo lógico de la fantasía del hombre americano normal, tanto si se trata de Dick Nixon como de Mark Rudd**: dueño de un harén, las mujeres haciendo todo el trabajo de mierda, desde criar bebés y cocinar y hacer chanchullos hasta matar gente por obligación).

(*) Tras su detención, Manson fue convertido en un héroe por un sector de la contracultura y la izquierda americana. Sobre el asesinato de Tate a manos de los discípulos de Manson, Bernardine Dohrn, una de las líderes de SDS, afirmó: «Primero mataron a esos cerdos, luego cenaron en la misma habitación y después incluso clavaron un tenedor en el estómago de una de las víctimas.¡Fantástico!». Igualmente, el periódico contracultural *Los Angeles Free Press* publicó una columna firmada por el propio Manson, así como el *Tuesday's Child* consideró el gesto de Manson como modélico. El líder yippie Jerry Rubin, que visitó en una ocasión a Manson en prisión, reconoció haber sentido «amor por Charlie Manson desde la primera vez que lo vi». «Sus palabras y coraje me inspiraron», concluyó.

(**) «Dick Nixon» era el diminutivo de Richard Nixon, entonces presidente de los Estados Unidos. Mark Rudd fue uno de los principales líderes de SDS y más tarde de los Weathermen. Se entregó a las autoridades en 1977.

Cartel por la liberación de la mujer (1968).

Adiós a toda esa mierda que hace a unas mujeres diferentes de otras; la mierda que cubre la cara de cualquier mujer Weather, que es la cara de cualquier Esclava de Manson, que es la cara de Sharon Tate, que es la cara de Mary Jo Kopechne, que es la cara de Beulah Saunders, que es mi cara, que es la cara de Pat Nixon, que es la cara de Pat Swinton*. *En la oscuridad todas somos iguales*, y es mejor que te lo creas: estamos en la oscuridad, cariño. (Recuerda el viejo chiste: ¿sabes cómo llaman a un hombre negro con un doctorado? Negrata. Variaciones: ¿sabes cómo llaman a una mujer Weather? Coño fuerte. ¿Sabes cómo llaman a una revolucionaria hip? Coño guay. ¿Sabes cómo llaman a una feminista radical militante? Coño loco. Amérika es una tierra de libre elección, elige el título que quieras). Izquierda Fuera, hermana, ¿no lo ves? Adiós a la fuerza ilusoria cuando corres agarrando la mano de tus opresores; adiós al sueño de que estar en el colectivo líder te dé de todo menos la gonorrea.

Adiós a RYM II, también, y a todos los demás RYM, no porque las hermanas de allí no se hayan marcado un tanto tomando el control, sino porque permitieron que los hombres volvieran después de un día, más o

(*) Pat Nixon fue la esposa del Presidente Nixon. Pat Swinton (en realidad Patricia Swinton) fue una de las cabezas visibles en el periódico *Rat*. Swinton fue sospechosa de haber participado en la colocación de ocho artefactos explosivos contra distintos objetivos en Nueva York (Chase Manhattan Bank, Standard Oil y General Motors) entre julio y noviembre de 1969.

menos, de autocrítica sobre el machismo* (es más, adiós al uso general e inexacto de esa palabra: el machismo es una *actitud*; la supremacía masculina es la *realidad* objetiva, el *hecho*). Adiós a la Conspiración, quienes, comiendo con sus compañeros cabrones sexistas Norman Mailer y Terry Southern** en un club tipo «conejito» en Chicago, se encontraron al juez Hoffman*** en la mesa vecina. No me sorprende: *con la luz todos son iguales.*

Adiós a la cultura Hip y a la llamada Revolución Sexual, que ha funcionado respecto a la libertad de las mujeres como lo hizo la Reconstrucción respecto a los esclavos anteriores: restableciendo la opresión con otro nombre.

(*) RYM II: Se refiere al Revolutionary Youth Movement II, un grupo del que surgieron muchos de los futuros activistas armados de los Weathermen. Esto sucedió tras la Convención organizada en Chicago, en junio de 1969, por SDS (Students for a Democratic Society). No todo el Revolutionary Youth Movement siguió los pasos de la agitación armada, de ahí que se distinguiera un segundo grupo, escindido del inicial y que designó a su facción más extremista. Tras la Convención, el Revolutionary Youth Movement original continuó con su actividad legal dentro de la agitación estudiantil en el interior de SDS.

(**) Los escritores Norman Mailer y Terry Southern tuvieron un gran protagonismo en la llamada «Nueva Izquierda», pero fueron duramente criticados por sus sectores más radicales.

(***) Juez encargado del caso de los «Ocho de Chicago».

Adiós a la suposición de que Hugh Romney* está a salvo en su «revolución cultural», lo suficientemente a salvo como para referirse a «nuestras mujeres, quienes hacen toda nuestra ropa», sin que haya alguien que no lo perdone. Adiós a la clara arrogancia del poder que le permite al zar Stan Freeman**, de Electric Circus, dormir sin miedo por la noche, o le permite a Tomi Ungerer*** caminar sin miedo por la calle tras realizar los dibujos para la campaña publicitaria de Circus contra las mujeres. Adiós a la idea de que Hugh Hefner**** es guay porque permite a los Conspiradores ir a fiestas en la Mansión Playboy; adiós al sueño de Hefner de llegar a una edad

(*) Conocido como Wavy Gravy, fue un famoso activista por la paz y contra la guerra. En aquella época, Gravy era miembro de la comuna Hog Farm que, entre otras cosas, se hizo famosa por haber gestionado la seguridad del Festival de Woodstock. Sin embargo, los Motherfuckers se unieron a Gravy y los suyos, logrando derribar las vallas de seguridad, lo que hizo que miles de personas pudieran colarse y entrar gratis. Ha sido muy célebre su campaña «Nadie para Presidente».

(**) Freeman era el presidente de la compañía Electric Circus.

(***) Ilustrador francés. Desde los años cincuenta se instaló en Estados Unidos y fueron muy populares sus viñetas críticas con la guerra de Vietnam para periódicos como *The Village Voice*, entre otros.

(****) Fundador de la revista *Playboy*.

muy avanzada. Adiós a Tuli y los Fugs* y a todos los chicos de la habitación de enfrente, que siempre supieron que odiaban a la mujer que amaban. Adiós a la noción de que el buen viejo Abbie es diferente de cualquier otra estrella de cine prometedora que abandona a su primera mujer e hijos, lo suficientemente bueno en los viejos tiempos pero torpe cuando Lo Estás Logrando. Adiós a su doble moral hipócrita que apesta a través del encanto hecho jirones. Adiós al encantador «pro Liberación de las Mujeres» Paul Krassner**, con su asombrada rabia porque las mujeres hayan perdido el sentido del humor «respecto a este tema» y ya no se rían con las pequeñas tiras cómicas que las degradan y las hieren. Adiós al recuerdo de su cartel de spray «Coño Instantáneo», a su columna para *Cavalier*, la revista de los hombres que odian a las mujeres; a su sueño de una Violación a las mujeres de los legisladores, a sus Cabezas de Turco y Monjas Realistas y a sus lindas anécdotas sobre la hija pequeña a la que ve con tanta frecuencia como cualquier padre de Scarsdale de mediana edad divorciado correctamente; adiós para siempre a la noción de que un hombre es mi hermano, quien, como Paul, compra una prostituta para la noche

(*) El poeta Tuli Kupferberg fue uno de los líderes de la banda The Fugs, muy famosa en los círculos contraculturales americanos.

(**) Fundador de la revista de izquierdas *The Realist* y destacado activista yippie.

como regalo de cumpleaños para un amigo, o quien, como Paul, recita por orden alfabético los nombres de las personas del movimiento de mujeres a las que se ha follado, como si fuera un chisme de vestuario, probando que *él* no es un opresor sexista.

Relájate. Deja que esto parezca malicioso, sarcástico, de bolleras, solanesco, frustrado, loco, demencial, frígido, ridículo, amargo, embarazoso, de odio hacia los hombres, difamatorio, puro, injusto, envidioso, intuitivo, infame, estúpido, mezquino, liberador. Somos las mujeres acerca de las cuales los hombres nos han advertido.

Cubierta de *Ms. Magazine*. Tras la experiencia de W. I. T. C. H., Morgan trabajó en esta revista, que pronto se convirtió en una de las principales publicaciones feministas.

Y vamos a poner fin a una mentira para siempre: la mentira de que los hombres también están oprimidos por el sexismo, la mentira de que puede haber algo así como «grupos de liberación de los hombres». La opresión es algo que un grupo de personas perpetra contra otro grupo específicamente debido a una característica «amenazante» de este segundo grupo: color de la piel, sexo, edad, etc. A los opresores en efecto les *jode* ser amos (el racismo hace daño a los blancos, los estereotipos sexuales son dañinos para los hombres), pero esos amos no están *oprimidos*. Cualquier amo tiene la alternativa de deshacerse del sexismo o del racismo; los y las oprimidas no tienen otra alternativa —ya que no tienen poder— que luchar. A la larga, la Liberación de las Mujeres por supuesto liberará a los hombres, pero a corto plazo les va a *costar* a los hombres un montón de privilegios, los cuales nadie abandona con gusto ni fácilmente. El sexismo *no* es culpa de las mujeres; matad a vuestros padres, no a vuestras madres.

Echadlo abajo. Adiós a un bello nuevo movimiento ecologista que podría luchar para salvarnos a todos si dejara de encasillar a las mujeres como madres tierra o chavalas de la frontera, si cediera el liderazgo *ahora mismo* a quienes *no* han contaminado el planeta porque esa acción implica poder y las mujeres no han *tenido* poder alguno en unos cinco mil años, si cediera el liderazgo a aquellas cuyas mentes son tan fuertes y lúcidas como las de cualquier hombre, pero cuyos cuerpos son además inevitablemente conscientes de la estrecha relación entre los humanos y su biosfera: la tierra, las mareas, la atmósfera, la luna. La ecología no es un gran mérito si eres mujer: siempre ha estado ahí.

Adiós a la complicidad inherente al hecho de que los miembros de *Berkeley Tribe** sean coeditores de los cómics *Trashman*; es más, adiós al razonamiento que considera al putero Trashman un buen modelo para un hombre revolucionario, por muy buenas que sean las tiras cómicas, de alguna manera relacionado con el mismo razonamiento super masculino que permite que la primera declaración del Partido Pantera Negra sobre Liberación de las Mujeres y Machismo sea hecha *por un hombre*, hablando un montón de cómo las hermanas deberían defenderse. Tal ignorancia y arrogancia no le convienen a un revolucionario.

Sabemos cómo el racismo es inculcado profundamente en el subconsciente por el Sistema, al igual que el sexismo, como aparece en el nombre mismo de Los Señores Jóvenes. ¿Qué eres si eres una «mujer macho»?, ¿una Señora? ¿O, dios nos libre, una Dama Joven? *Cámbialo*, cámbialo por la Alta Burguesía Joven si tienes que hacerlo, o nunca supongas que el nombre mismo no tiene culpa del dolor, de la opresión.

La teoría y la práctica, y los años luz entre ambas. «¡Hazlo!», dice Jerry Rubin en el último número de *Rat*, pero él no lo hace, o de lo contrario todos los lectores de

(*) Célebre periódico contracultural que poco a poco fue radicalizándose y apoyando el movimiento de las comunas y la agitación armada.

Rat habrían conocido la cara que aparece junto a su artículo tan bien como conocen su muy fotografiada cara. Era Nancy Kurshan*, «su mujer», el poder detrás del payaso.

De hecho, adiós a la Nueva Nación** y a Earth People's Park***, concebidos por hombres, anunciados por hombres, dirigidos por hombres, condenados desde

(*) Una de las fundadoras de W. I. T. C. H. . Cuando se publicó este texto, Kurshan estaba en la clandestinidad como activista de The Weather Underground. Recordemos que Kurshan, durante el exorcismo que dio lugar a W. I. T. C. H. en Washington, compareció en rueda de prensa ataviada con su vestido de bruja. Su pareja Jerry Rubin estaba siendo juzgado como uno de los «Ocho de Chicago». Durante una entrevista, Kurshan afirmó lo siguiente: «Cuando Robin Morgan dejó a los Yippies y publicó *Adiós a Todo Eso* en el periódico underground *Rat*, yo no estaba a gusto. Creo que ella tenía razón en casi todo, e incluso en todo. Me sentía avergonzada y no sabía qué hacer. Los cambios te pueden confundir y ser desagradables. El artículo de Morgan y mi viaje a Vietnam en 1970, me empujaron a combatir la dominación masculina e hicieron que hallase mi propia voz».

(**) Fue un movimiento surgido tras el Festival de Woodstock, donde se habló del surgimiento de la primera «ciudad libre» de la historia. La «nueva nación» se inscribió dentro de la utopía hippie y del movimiento de comunas.

(***) Movimiento surgido a comienzos de los setenta y que tenía como objetivo la ocupación de tierras para crear comunas.

antes de nacer por las semillas putrefactas de la supremacía masculina trasplantadas en tierra fresca. ¿Era mi hermano quien enumeró a seres humanos entre los *objetos* que estarían disponibles con facilidad después de la Revolución: «hierba gratis, comida gratis, *mujeres gratis*, ácido gratis, ropa gratis, etc.»? ¿Era mi hermano quien escribió «follad a vuestras mujeres hasta que no puedan ponerse en pie» y dijo que las *groupies* eran chavalas liberadas porque daban un apretón de tetas en lugar de un apretón de manos? El arquetipo de la exclusión por parte del hombre: «los hombres harán la Revolución y harán a sus chavalas». Mi hermano no. No. Mi Revolución no. Ni un ápice de apoyo por mi parte al nuevo Cristo falso, John Sinclair*. Uno menos por quien preocuparse en diez años. No elijo como hermano a mi enemigo.

Adiós, adiós. Que se vaya al infierno la noción simplista de que la libertad automática para las mujeres —o las personas de color— ocurrirá en un chasquido de dedos con la llegada de una revolución socialista. Tonterías. Dos males preceden al capitalismo y claramente han podido sobrevivir al socialismo y continuar después de él: el sexismo y el racismo. Las mujeres fueron la primera propiedad cuando ocurrió la Contradicción Primordial: cuando una mitad de la especie humana decidió subyugar a la otra mitad, porque era «diferente», extraña, lo

(*) Figura de la contracultura. Ideólogo de la banda MC5 y líder del Partido de las Panteras Blancas.

Otro. Desde entonces, fue lo suficientemente fácil extender el concepto de «Otro» a quien tiene diferente tono de piel, diferente altura, peso o lengua, o fuerza para resistir. Adiós a esos sueños optimistas simples de igualdad socialista en los que todos nuestros buenos hermanos socialistas quieren que creamos. ¡Qué política más liberal! Cuánto camino nos queda por recorrer para crear esos cambios profundos que darían origen a una sociedad sin género. *Profundos*, Hermana. Más allá de lo masculino y lo femenino. Más allá de las pautas, a las que todas y todos nos adherimos ahora sin atrevernos a examinarlas, creadas por el hombre, dominadas por el hombre, jodidas por el hombre, y para el propio interés del hombre. *Más allá de todas las pautas conocidas*, especialmente aquellas pautas revolucionarias articuladas con facilidad y que todos invocamos retóricamente. Más allá, hacia una especie con un nombre nuevo, que no se atrevería a definirse como Hombre.

Yo dije una vez: «soy una revolucionaria, no simplemente una mujer», y supe que mentía ya desde el momento en que pronunciaba las palabras. Es una lástima el afán de esta afirmación por ser aceptada ante aquellos cuyo entusiasmo revolucionario nadie cuestionaría; es decir, cualquier miembro de la contraizquierda defensor de la supremacía masculina. Pero para volverse un o una verdadera revolucionaria, primero hay que convertirse en uno de los oprimidos (no organizarlos, educarlos o manipularlos, sino *volverse uno de ellos*), o darse cuenta de que ya *se es* uno de ellos. Ninguna mujer quiere eso. Porque comprender eso es humillante, duele. Duele entender que en Woodstock o en Altamont una mujer podía ser considerada mojigata o mala perdedora si no quería ser violada. Duele aprender que las hermanas que aún se encuentran en la Izquierda masculina están menospreciando a las «feministas locas» para parecer inofensivas ante nuestros opresores comunes. Duele ser títeres en esos juegos. Duele intentar *cambiar cada día de tu vida ahora mismo*. No de palabra, ni «en tu cabeza», y no solo «ahí fuera» en el Tercer Mundo (la mitad del cual son mujeres) o en las comunidades negras o mulatas (la mitad de las cuales son mujeres) como es conveniente, sino en tu propia casa, en tu propia cocina, en tu propia cama. No hay escapatoria a la opresión primaria de ser mujer en un mundo patriarcal, independientemente de otros aspectos en los que estés oprimida. Duele oír que las hermanas del Frente de Liberación Gay también tienen que luchar continuamente contra el machismo de sus hermanos gays. Duele que Jane Alpert* haya sido aplaudida al criticar el imperialismo, el racismo, el Tercer Mundo y

(*) Activista feminista célebre por haber sido detenida y acusada de colocar varios explosivos en Nueva York entre los meses de julio y noviembre de 1969. Más o menos en aquella época, firmó un manifiesto en la revista *Ms. Magazine* llamado «Mother Right: A New Feminist Theory», donde denunciaba el machismo que ejercía la misma izquierda, por lo que de alguna forma se situó muy cercana a las posturas de Morgan y las W. I. T. C. H. . Tras ello, vivió varios años en la clandestinidad y cumplió una condena de más de dos años de prisión.

Todos Esos Temas Seguros, pero que haya sufrido silbidos y abucheos de una multitud de hombres del movimiento que no quería saber nada del tema cuando ella empezó a hablar de la Liberación de las Mujeres. El contragolpe está a la vuelta de la esquina.

Nos dicen que la alternativa es resistir y «luchar», enfrentarse a la dominación masculina de la contraizquierda, luchar junto a, o detrás de, o debajo de, nuestros hermanos; demostrarles que somos así de fuertes, así de revolucionarias, así de cualquier-imagen-que-ahora-quieran-de-nosotras-de-igual-modo-que-una-vez-quisieron-que-fuéramos-femeninas-y-mantuviéramos-

-encendido-el-fuego-del-hogar. Concederán el liderazgo titular a nuestros agradecidos hombres, tanto si se es una mujer que está incluida por pura fórmula en el Gabinete de Asesores del Departamento de Representantes del Movimiento, como si se es una *groupie* de Conspiración o una de las «respetables» agitadoras de Motor City Nine. Todas hermanas, con una única alternativa real: tomar nuestro propio poder con nuestras propias manos. Todas las mujeres, por separado y juntas, hacer la Revolución de la forma en que ha de hacerse: esta vez sin prioridades, *sin un grupo que sufre al que se le diga que tiene que esperar hasta después.*

Es tarea de las feministas revolucionarias construir un Movimiento Independiente de Liberación de las Mujeres siempre más fuerte, de forma que las hermanas que están en la cautividad de la contraizquierda tengan un sitio al que acudir, donde usar su poder, su rabia, su belleza y su aplomo a su favor por una vez, en sus propios términos, para sus propios asuntos, a su propio estilo, sea el que sea. No nos corresponde, en el Movimiento de Liberación de las Mujeres, fastidiarlas y enfrentarnos a ellas de la forma en que sus hombres lo hacen, ni culparlas —ni a nosotras mismas— por lo que todas nosotras somos: unas personas oprimidas, pero unas personas que elevamos nuestra conciencia hacia algo que es la otra cara de la rabia, algo brillante, tranquilo y sereno, como una acción diferente a cualquier cosa que se haya considerado o llevado a cabo. Nos corresponde sobrevivir (algo por lo cual el radical blanco tiene el lujo de nunca preocuparse realmente; de qué se iba a preocupar con todas sus opciones), hablar, planear, tener paciencia, acoger a nuevas fugitivas de la falsa Izquierda sin arrogancia, solo con humildad y deleite, empujar, atacar.

Hay algo que cada mujer lleva alrededor de su cuello en una delgada cadena de miedo: un amuleto de la locura. Para cada una de nosotras, en algún lugar, existe un momento de insulto tan intenso que levantaremos el brazo y arrancaremos el amuleto, incluso si la cadena rasga la carne del cuello. Y habrá desaparecido lo último que nos impedía ver la verdad. ¿Pensáis que, tirando sigilosamente de la cadena cada día y volviéndome agradablemente loca como lo estoy haciendo, pueden interesarme las riñas infantiles de una falsa Izquierda que se ríe a mis espaldas? ¿Pensáis que tal interés es perceptible al lado del sufrimiento de más de la mitad de la especie humana durante los últimos cinco mil años, debido a un capricho de la otra mitad? No, no, no, adiós a todo eso.

Las Mujeres son Algo Más. Esta vez vamos a derribar todos los obstáculos, y los chicos tendrán que trabajar duro para mantenerse ahí, o si no, retirarse y unirse claramente a la estructura de poder de la cual son ya los hijos ilegítimos. Cualquier hombre que afirme que quiere deshacerse en serio del privilegio de la polla, debería considerar esto: la única vía es que no haya liderazgo masculino en la Izquierda. Y eso va a pasar, ya sea dimitiendo los hombres o haciéndose las mujeres con el timón. Como los hermanos quieran; después de todo, el sexismo es un tema de su incumbencia, no de la nuestra. Nosotras estamos demasiado ocupadas reuniéndonos como para tener que tratar con su intolerancia. Así que ellos tendrán que decidir si se despojarán solo del privilegio de la polla o —qué demonios, por qué no decirlo, ¡dilo!— de las pollas. ¡Qué profundo debe ser el miedo a esa pérdida, que solo puede ser suprimido construyendo imperios y haciendo guerras genocidas!

Adiós, adiós para siempre, falsa Izquierda, contraizquierda, reflejo en espejo roto de la Pesadilla Americana de dominación masculina. Las mujeres son la verdadera Izquierda. Nos estamos levantando, poderosas en nuestros cuerpos sucios. Con una locura reluciente en nuestros *cerebros inferiores*. El pelo salvaje volando, los ojos salvajes mirando fijamente, las voces salvajes hablando con agudeza; sin intimidarnos la sangre al tener una hemorragia cada veintiocho días. Riéndonos de nuestra propia belleza, nosotras que hemos perdido el sentido del humor; lamentándonos por todo lo que nosotras, mujeres valiosas, podríamos haber sido en esta época y este lugar si no hubiéramos nacido mujeres. Ahogando con los dedos en la boca los gritos de miedo y odio y lástima hacia los hombres que hemos amado y amamos aún; lágrimas en nuestros ojos y amargura en nuestras bocas por los hijos que no pudimos tener, o que no pudimos *no* tener, o que no queríamos, o que no queríamos *aún*, o que queríamos y tuvimos en este lugar y época de horror. Nos estamos levantando con una furia más vieja y potencialmente mayor que ninguna fuerza en toda la historia, y esta vez seremos libres o nadie sobrevivirá. Poder para toda la gente o para nadie. Esta vez, a fondo.

¡Liberad a Kathleen Cleaver!

¡Liberad a Kim Agnew!

¡Liberad a Anita Hoffman!

¡Liberad a Holly Krassner!

¡Liberad a Bernardine Dohrn!

¡Liberad a Lois Hart!

¡Liberad a Donna Malone!

¡Liberad a Alice Embree!

¡Liberad a Ruth Ann Miller!

¡Liberad a Nancy Kurshan!

¡Liberad a Leni Sinclar!

¡Liberad a Dinky Forman!

¡Liberad a Jane Alpert!

¡Liberad a Gumbo!

¡Liberad a Sharon Krebs!

¡Liberad a Bonnie Cohen!

¡Liberad a Iris Luciano!

¡Liberad a Judy Lampe!

¡Liberad a Robin Morgan!

¡Liberad a Valerie Solanas!

¡Liberad a nuestras hermanas!

¡Liberadnos a nosotras mismas!

En la página siguiente: Robin Morgan, la autora del texto, es detenida tras una sentada en las oficinas de Grove Press (1970), escasos meses después de publicar «Adiós a Todo Eso».

AGRADECIMIENTOS:

A nuestra gran traductora Inmaculada Hernández por estar junto a nosotros/as durante todos estos años. A Mario Riviere, por su Arte y su Magia. A Samuel Delgado, Supremo Brujo Audiovisual. A Robin Morgan, Nancy Kurshan y W. I. T. C. H. . A Jo Freeman. A todos aquellos lectores que, desde la primera edición, nos insistieron en la necesidad de que este libro volviera a ser accesible a todo el mundo y encontrarse nuevamente en las librerías. A los colectivos y grupos feministas que difundieron estos textos y piratearon la primera edición. A las brujas, a las las de ayer y a las de hoy... ¡LIBERADNOS!

Este libro se terminó
de imprimir en septiembre de
2013 en la ciudad de Salamanca.
Nada más recibirlo, varias mujeres
pertenecientes a esta editorial se reunieron
en un fantástico aquelarre y pronunciaron
las palabras mágicas: «En el Sagrado y Más
poderoso Nombre de W. I. T. C. H.,
Conspiración Terrorista Internacional de
Mujeres del Infierno. Nosotras, Hermanas
Brujas del único verdadero Subsuelo,
anunciamos nuestra Presencia
y comenzamos nuestro hechizo».
Según varios testimonios,
el hechizo funcionó...